BOSPHORE
ET FAIS RELUIRE

DU MÊME AUTEUR

Dans la même collection :

Les prédictions de Nostrabérus.
Mets ton doigt où j'ai mon doigt.
Si, signore.
Maman, les petits bateaux.
La vie privée de Walter Klozett.
Dis bonjour à la dame.
Certaines l'aiment chauve.
Concerto pour porte-jarretelles.
Sucette boulevard.
Remets ton slip, gondolier.
Chérie, passe-moi tes microbes !
Une banane dans l'oreille.
Hue, dada !
Vol au-dessus d'un lit de cocu.
Si ma tante en avait.
Fais-moi des choses.
Viens avec ton cierge.
Mon culte sur la commode.
Tire-m'en deux, c'est pour offrir.
A prendre ou à lécher.
Baise-ball à La Baule.
Meurs pas, on a du monde.
Tarte à la crème story.
On liquide et on s'en va.
Champagne pour tout le monde !
Réglez-lui son compte !
La pute enchantée.
Bouge ton pied que je voie la mer.
L'année de la moule.
Du bois dont on fait les pipes.
Va donc m'attendre chez Plumeau.
Morpions Circus.
Remouille-moi la compresse.
Si maman me voyait !
Des gonzesses comme s'il en pleuvait.
Les deux oreilles et la queue.
Pleins feux sur le tutu.
Laissez pousser les asperges.
Poison d'Avril, ou la vie sexuelle de Lili Pute.
Bacchanale chez la mère Tatzi.
Dégustez, gourmandes !
Plein les moustaches.
Après vous s'il en reste, Monsieur le Président.
Chauds, les lapins !
Alice au pays des merguez.
Fais pas dans le porno...

La fête des paires.
Le casse de l'oncle Tom.
Bons baisers où tu sais.
Le trouillomètre à zéro.
Circulez ! Y a rien à voir.
Galantine de volaille pour dames frivoles.
Les morues se dessalent.
Ça baigne dans le béton.
Baisse la pression, tu me les gonfles !
Renifle, c'est de la vraie.
Le cri du morpion.
Papa, achète-moi une pute.
Ma cavale au Canada.
Valsez, pouffiasses.
Tarte aux poils sur commande.
Cocottes-minute.
Princesse Patte-en-l'air.
Au bal des rombières.
Buffalo Bide.

Hors série :

Œuvres complètes :

Vingt-deux tomes parus.

SAN-ANTONIO

BOSPHORE
ET FAIS RELUIRE

FLEUVE NOIR

© 1991, Éditions Fleuve Noir.

ISBN 2-265-04493-8

ISSN 0768-1658

A Christian DOMBRET,

*Pour lui dire ma reconnaissance
et mon amitié.*

SAN-ANTONIO

Quand on dit d'un homme qu'il est expert en la matière, cela ne veut pas fatalement dire qu'il est expert en merde.

Patrice DARD

Il portait un costume gris anthracite, un plastron noir, un col romain, et une croix d'argent épinglée à son revers confirmait ses fonctions ecclésiastiques. Ses cheveux blancs et son embonpoint achevaient de le rendre plus que respectable : intimidant.

Un jeune homme grand et pâle l'accompagnait, qui coltinait son sac de cuir à soufflets, car le vieux religieux se déplaçait en s'aidant d'une canne à pommeau d'argent. Le jeune secrétaire était vêtu d'un pantalon sombre et d'un blazer noir dépourvu de tout écusson ou bouton fantaisie. Ses lunettes cerclées d'acier renforçaient son aspect « rat de bibliothèque mal portant ».

Ils descendirent le large escalier roulant, l'un derrière l'autre. Campé au sommet de l'escalator le religieux dégageait une espèce de souveraineté impressionnante. Il promenait sur la foule des voyageurs un regard intense, s'appliquant à ne pas perdre de vue un élégant quadragénaire en pardessus de vigogne dont, quelques minutes plus tôt, la délicate eau de toilette avait, au passage, charmé ses narines. Malgré son état qui invitait au renoncement, il était sensible aux parfums de qualité et il lui arrivait de s'attarder sur les pas d'une jolie femme pour savourer les fragrances qu'elle répandait.

Au bas de l'escalier, s'offrait un tapis roulant permettant de parcourir sans se fatiguer l'interminable couloir conduisant aux satellites d'embarquement. Les deux hommes l'empruntèrent, mais marchèrent un peu pour activer leur déplacement, ce qui leur permit de recoller à l'homme qui les intéressait.

Lorsqu'ils furent sur ses talons, le jeune secrétaire doubla le religieux, puis le quadragénaire au somptueux pardessus. Au passage, il lui administra, comme par mégarde, un coup de sac dans la pliure du genou. Le voyageur tourna la tête et son expression mécontente intimida le garçon.

— Pardonnez-moi, fit celui-ci, très vite.

Il pressa le pas et sa rapidité conjuguée à celle du tapis le happa littéralement pour l'emporter loin de l'homme.

Ce dernier tenait sa jambe endolorie légèrement relevée. Il se massait non pas le jarret, mais le talon, au-dessus de son mocassin italien. En même temps que le choc causé par le sac ventru, il avait ressenti une piqûre dans cette région du pied.

L'ecclésiastique le doubla à son tour sans le regarder. L'homme se frotta encore un peu, puis laissa retomber sa jambe. Un petit garçon turbulent s'amusait à prendre le tapis à contre-courant malgré les admonestations de sa mère. Comme il parvenait à la hauteur de l'homme au pardessus de vigogne, il dut stopper car ce dernier venait de s'écrouler sur les lamelles d'acier du tapis. L'appareil emporta son corps vers son estuaire. La tête calamistrée du mort frottait contre la paroi, ce qui la faisait osciller de façon déplaisante.

Le religieux et son secrétaire arrivaient à l'extrémité du chemin mécanique. Ils obliquèrent vers le couloir de gauche pour gagner la porte 44 qui permettait d'accéder à la salle d'embarquement de l'avion pour Istanbul.

VIANDE FROIDE

Le docteur Chaudelance se redressa et nous tendit sa main gantée de caoutchouc vert. L'extrémité des doigts était maculée de sang. Il réalisa la chose et corrigea son geste en arrachant le gant d'un claquement sec qui fit songer à une détonation. Nous pressâmes sans enthousiasme excessif sa dextre dénudée qui venait de barboter, louche canard sanieux, dans des entrailles froides.

— Mes respects, monsieur le directeur, fit-il au Vieux.

Achille au nez léger tenait sa fine pochette de soie plaquée sur ses voies respiratoires. Il considérait le mort avec écœurement et rancune.

— Superbe cadavre ! exulta Chaudelance. Voilà un homme qui cultivait sa forme. Vous avez vu ces muscles ? Une statue d'Apollon ! Pas un pouce de graisse. Son foie est impeccable : on en mangerait ! Le cœur était fait pour fonctionner un demi-siècle encore. Et les poumons, dites ! Ça c'est du poumon ! Ce bonhomme n'a jamais fumé ; pas le plus léger brouillard.

— Bref, conclus-je, c'est un mort pétant de santé que vous tailladez, docteur !

— Exactement ! approuva le légiste.

Il était tout rond, tout chauve, tout content de vivre en explorant de la barbaque d'homme. Il raffolait des liqueurs ; tu pouvais pas lui être plus agréable qu'en lui offrant une grande bouteille de Cointreau (1).

Le Dabe retira un court instant sa pochette pour demander :

— Les causes du décès, docteur ?

— Injection massive de cyanure.

— Où ça ?

— A deux centimètres du talon d'Achille, répondit Chaudelance en souriant. Vous vous rappelez « le coup du parapluie » à Londres ? Et ensuite ce film de Gérard Oury qui s'en inspirait ? Eh bien, ça !

Il revint à son patient :

— Belle gueule, n'est-ce pas ?

— Il pouvait ! grommela le Vieux : un cousin de la famille royale d'Angleterre, merci du peu !

Pour cette baderne bourgeoise, tout individu qui charriait du sang bleu dans ses veines était automatiquement beau comme un dieu grec, eût-il le nez camard, les pieds bots, une cyphose plus marquée que celle de Quasimodo et des bubons plein la frite.

J'interviens, très flic :

— Quelque chose à signaler, docteur ? Une particularité physique, voire une anomalie ?

— Je la gardais pour la bonne bouche, fait Chaudelance, car elle est de taille !

Je frétille des roustons.

Le Vénérable a remis son tampon de soie sous son rabouif. Il attend, glacé.

_____

(1) Publicité gratuite.

Le légiste se penche. Sous la table de dissection, il y a une tablette de verre supportant ses instruments. Il se saisit d'une petite cuvette émaillée. Dans celle-ci se trouve une espèce de capsule de la dimension d'un cocon de ver à soie. L'objet est plus ou moins souillé de matière brunâtre.

— J'ai trouvé cette chose dans l'intestin du cousin, déclare-t-il, toujours rigolard. Je crois qu'il s'agit d'un étui en fibre de verre.

Il présente la cuvette à Chilou.

— Prenez, monsieur le directeur.

Tu verrais sa frime, au Dabuche! Sûr qu'il va gerber!

Il se recule, apeuré, comme si cent un dalmachiens lui montraient leurs crocs.

— Occupez-vous de « ça », San-Antonio!

San-Antonio se saisit de la cuvette et examine désespérément la pièce de dissection carrelée. J'aperçois ce qu'il me faut : un évier. Je vais ouvrir le robinoche d'eau chaude et présente la cuvette sous le jet impétueux. Au bout d'un moment, je collecte plusieurs feuilles de papelard à vaisselle à un rouleau opportun et nettoie la capsule. N'ensuite je glisse la trouvaille du doc dans le compartiment monnaie de mon larfouillet.

Le Dirlo se trouve maintenant à bonne distance du cadavre.

— Vous pouvez « me » le recoudre proprement? fait-il à Chaudelance.

— Je ne lui ai pas encore scié le crâne, objecte le légiste.

— Gardez-vous-en bien, malheureux! J'ai reçu des instructions, en haut lieu : on va le rapatrier en Angleterre après l'avoir rendu le plus pimpant possible. Pas de vagues! Aux Affaires étrangères,

on exige un maximum de discrétion. Officielle-
ment, Lord Kouettmoll est décédé d'une rupture
d'anévrisme, tout comme notre fabuleux De
Gaulle. Je vais prévenir l'ambassade de Grande-
Bretagne de ce regrettable incident. Si j'avais
appris plus tôt l'identité de la victime, j'aurais
interdit qu'on pratique l'autopsie. Grâce au ciel,
vous n'avez pas commencé par la tête !

« Notre politique : bouche cousue. Si les
Anglais s'aperçoivent qu'on a commencé de le
charcuter, nous dirons la vérité et le fait que le
crâne soit demeuré intact leur prouvera notre
bonne foi. Ils sont tellement charognards, depuis
que ce tunnel est percé ! Des insulaires comme
eux, vous imaginez le traumatisme ! Comme si on
éventrait le terrier d'un putois ! Mitterrand a
réussi, là où Hitler a échoué, l'invasion de la
Grande-Bretagne. »

Il secoue la tête.

— Bien fait pour leurs pieds douteux ! Excepté
Shakespeare et la Rolls Royce, vous pouvez me
dire ce qu'ils ont proposé au monde ces bons
apôtres ? Là-dessus, je file : un rendez-vous
urgent. Je vous dépose à une station de taxis,
commissaire ?

On congé prend du Chaudelance docteur.

Ainsi que du mort Lord.

La pluie cinglante me pousse à boutonner mon
imper au-dessus du niveau de la mer.

Le Dabe fait un signe et son vieux valet britiche
s'avance au volant de la vieille Rolls Phantom. Il
est davantage fantôme qu'elle, le serviteur.

Tu le planterais nu dans une chambre d'hôtel,
en guise de serviteur muet, les clilles s'aperce-

vraient pas qu'il est vivant et y suspendraient leur
veston.

L'intérieur du véhicule sent bon les parfums
accumulés. Les éventés s'attardent malgré tout en
ce lieu privilégié, les autres, les récents, ne les
bousculent pas. Ça compose une palette olfactive
délicate qui va du rose pâle des odeurs anciennes
au rouge ardent des nouvelles.

— Vous allez du côté de la Grande Maison,
monsieur le directeur ?

— Pas du tout, j'ai rendez-vous à Courcelles
dans un...

Il se tait. La langue trop longue, Achille,
toujours. Ensuqué par ses conquêtes. La femme
tient toujours une place primordiale dans son
existence. Ça lui tend les bretelles, ses louches
convoitises sempiternelles.

Tel, il va probablement se faire triturer la
prostate, le Vioque ! Et groumer de la craquette
surchoix. Eternuer en de blondes toisons qui lui
picoteront le tarbouif.

— Que faisons-nous à propos de ce mort,
patron ?

— Strictement rien, mon petit. Il va filer à
l'anglaise dans sa presqu'île et nous l'oublierons.

— Il s'agit d'un meurtre, fais-je doucement.

— Pensez-vous ! Rupture d'anévrisme. Vous
avez entendu ce qu'a dit le médecin ?

Il jubile, prend un délicat vaporisateur d'argent
ciselé dans l'accoudoir à couvercle, s'asperge une
légère giclée sur les pourtours.

Je soupire :

— Supposez que le Foreign Office déclenche
un patacaisse en s'apercevant qu'il s'agit d'un
assassinat, ce qui n'est pas difficile à démontrer ?

Il trouvera normal que nous comptions pour du beurre le meurtre d'un cousin de Sa Majesté ? Nous passerons une fois de plus pour des mangeurs de grenouilles très légers, monsieur le directeur. Tandis que si nous procédions à une enquête discrète, mais fouillée, et que nous soyons en mesure de lui fournir, le cas échéant, la clé de l'énigme, vous seriez auréolé d'un prestige mérité.

Chilou gamberge un instant.

— C'est ce que j'étais en train de me dire, Antoine. Voyez-vous, votre idée de tout laisser tomber est négative. Vous devriez prendre au contraire cette sale histoire en main et essayer d'en connaître la genèse. Mais vous marchez sur le velours, hein ?

Mathias, avec le poignet droit dans le plâtre, l'œil gauche violet et la lèvre inférieure fendue, fait triste mine dans son laboratoire.

— Un accident ? monsieur le directeur du service de Police technique ? m'enquiers-je, car je suis un enquierjeur chevronné.

Il hoche la tête, ce qui le fait grimacer.

— J'ai eu des mots avec mon épouse, révèle-t-il.

— Tu veux dire « des maux », m a u x ?

— Les premiers ont engendré les seconds.

— Ta donzelle n'y est pas allée de main morte !

— Ce n'est pas elle, soupire-t-il, mais notre voisin de palier, un commandant d'aviation.

— Il était impliqué dans votre querelle d'amoureux ?

— Plus ou moins...

— T'as du chagrin, Rouillé ?

Il hoche de nouveau la tête puis, brusquement, contrairement à sa nature, explose :

— Vous savez ce qui me fait chier, commissaire ? Vous savez ce qui me casse les couilles ? Vous savez ce qui me fout la gratte ? Vous savez ?...

Sa prunelle étincelle (la droite, car la gauche est enfouie dans des tuméfiances). Il tremble, même du poignet fracturé.

— Calmos, Rouquin ! Calmos, tu vas débonder de l'adrénaline à t'en faire craquer les circuits. Raconte doucement, exhorté-je.

Mais il ne peut.

— Dans cette maison, il fait, vous tutoyez tout le monde, à l'exception de M. le directeur, et tout le monde vous tutoie : Bérurier, Pinaud et même ce grand nègre prétentieux de Jérémie Blanc. Il n'y a que moi qui n'ai pas droit à ce privilège. Vous, vous me tutoyez, vous m'appelez Rouillé, Rouquin, Rouquemoute, l'Incendié, le Flamboyant, le Buisson ardent, que sais-je encore, mais j'ai eu beau prendre du galon, me hisser à la première marche de ma spécialité, je dois continuer de vous dire « commissaire » !

« J'en ai plein le cul de ce racisme dégradant ! C'est parce que je suis roux que vous me traitez plus bas que terre ? Et pourtant, des années et des années durant, je vous ai assisté : le jour, la nuit, en vacances ! Malgré tout, je demeure le paria ! Même quand vous me donnez mon titre officiel, on sent que c'est par dérision, vous trouvez le moyen de m'humilier ! »

Il pleure carrément. A sanglots : les grandes eaux !

Alors, touché jusqu'à la moelle, je le biche aux épaules afin de lui dorloter la peine.

— Te casse pas la laitance, Rou... Mathias. Dis-moi pourquoi tu t'es chicorné avec ton voisin l'aviateur ?

— A cause de vous !

— Tutoie-moi !

Il irradie (rose).

— Non, vous êtes sincère ?

— Tutoie-moi, te dis-je !

— Vraiment ?

— Je t'en prie, rien ne peut me faire plus plaisir.

Il saisit ma dextre de sa paluche valide, la porte à sa lèvre fendue.

— Cette pierre est à marquer d'un jour blanc, s'ébrouffaille le cher garçon ! Moi, vous tutoyer ! Enfin ! Oh ! commissaire, commissaire...

— Et appelle-moi Antoine !

— Le même jour ! Je rêve !

— Puisque je te le dis !

Ses pleurs redoublent, criblant le buvard vert de son sous-main de taches sombres.

— Commissaire Antoine ! Si vous saviez-tu ! Des années de basse jalousie ! Quand j'écoutais ces sinistres cons vous parler si familièrement ! Le gros porc immonde ! La ganache rance ! Le nègre qui se prend pour un médaillé or olympique ! J'enrageais. J'aurais voulu leur faire des injections de colle forte en fusion. Tenez, à ce propos : en voilà une arme redoutable, Antoine ! Ça y est, c'est parti : Antoine !

Il me rebaise la main.

— La colle ! J'en ai mis au point une terrifiante qui bat toutes les autres. Vous soudez les fesses d'un homme, avec ça. Il faut l'opérer pour lui restituer l'usage de son anus. La verge plaquée au ventre, pareil ! Vous connaissez la publicité du type qu'on colle au plafond ? Avec la mienne, on le ferait tenir par un doigt, une couille, le bout du nez. Mais que disais-je ? Ma jalousie foncière ! Ah ! oui. Et aujourd'hui, m'en voilà guéri !

— L'aviateur ! La castagne ! Tu ne m'as encore rien dit.

— C'est juste. Voilà. Ma femme, depuis longtemps est follement amoureuse de vous, je crois vous l'avoir révélé dans je ne sais plus lequel de vos bouquins. Or, l'aviateur vous ressemble. C'est cette petite gueuse de Françoise Xénakis qui a écrit naguère à votre sujet que vous lui faites songer à un officier aviateur qui n'aurait jamais volé ! Toute la perfidie féminine ! Donc, ma femme, folle de vous, se pâme devant l'aviateur. L'autre soir, en allant lui rendre un tournevis qu'elle lui avait emprunté, elle n'a pu résister. Et Dieu sait cependant qu'elle est fidèle, la pauvre chérie ! L'aviateur était en robe de chambre. Elle a vu ses jambes velues. Sa main est partie toute seule, droit au sexe ! Et vous savez quoi, commissaire Antoine ? Le goujat l'a giflée en la traitant de putain et l'a flanquée sur le palier à coups de genou dans les miches ! Juste comme je survenais ! Mon sang n'a fait qu'un tour, tu vous comprenez ?

Il lève son poignet plâtré.

— J'ai fait ce que j'ai pu. Il a fait ce qu'il a voulu.

Cher Mathias !

Il lèche tant mal que bien sa lèvre éclatée. Et sourit, façon archange gothique.

— Enfin, à compter de ce jour, je peux vous

tutoyer et vous appeler Antoine, il n'y a que cela qui m'importe. Tenez ! Pour marquer cette date mémorable, je vous fais l'hommage de mon invention. Voici le premier tube de MA colle spéciale, Antoine. Fais très attention en te vous en servant : c'est une arme !

Je le remercie et glisse le tube dans ma vague. Puis extrais de mon larfeuille la petite capsule prélevée dans les viscères de Lord Kouettmoll.

— A présent, boulot, mon cher Mathias. Cette petite bricole provient de l'intestin d'un noble Anglais assassiné dans l'escalator d'un aéroport. Il est urgentissime que tu l'étudies à fond et me dises ce qu'elle renferme. Le gazier en question est un cousin de la famille royale britannique et son décès brutal risque de faire du tchoum chez les Rosbifs.

— Je m'y colle immédiatement, monsieur le commissaire, soyez tranquille !

Je lui donne une tape amitieuse sur la nuque.

— Tu ne me tutoies déjà plus et continues de me donner du commissaire gros comme le bras ! noté-je en ricanant vilain.

Je sors du labo, m'engage dans l'escalier de fer.

Comme j'atteins l'étage inférieur, j'entends s'ouvrir précipitamment une lourde, la voix exaltée du Rouquemoute, réverbérée par la vaste cage d'escalier, clame à tous les échos :

— Antoine !... Je t'aime !!!!!!

LA PIGE

On achève de déjeuner. Pour m'amorcer, m'man m'a promis une blanquette. Et la voici, onctueuse, de couleur ivoire, avec quelques fines rondelles de cornichon pour parsemer. M'man met toujours un peu de corniche, du citron et beaucoup de crème dans la blanquette. C'est le jaune d'œuf qui lui donne cette patine ivoirine. La viande te fond dans la clape. Je ferme les yeux. Instant royal. Pour le parachever, je bois une gorgée de Côte-rôtie. C'est la félicité totale. La félicité par Félicie ! Toinet a déjà morfilé sa porcif et torche son assiette avec de gros morceaux de pain pour ne rien laisser de la sauce. Il exorbite des lotos !

— Encore ! réclame l'avide.

Heureuse, ma vieille le ressert.

— Ne mange pas si vite, on ne va pas te le prendre ! dit-elle au garnement.

Mais il est déjà en batterie, l'artiste, s'empiffrant comme un sauvage.

— Et l'école, ça carbure ? je lui demande.

Il hausse les épaules :

— Tu croives que c'est l'moment d'causer de ça, Grand, alors qu'on est heureux ?

— Je ne réclame de toi que trois lettres :
« oui » ou « non » ?

Il élude en partie :

— C'est médium, comme ils disent dans les
restaurants : ni cru, ni trop cuit. Y a du bon, du
moins bon, du pas bon.

— C'est quoi, le bon ?

— La gym !

— Le moins bon ?

— Le dessin.

— Et le pas bon ?

— Le reste !

Il avale d'une glottée béruréenne son morceau
d'animal mort.

— Tu connais la nouvelle version de Cendril-
lon, Grand ?

Et sans attendre, il narre :

— C'est Cendrillon qui pleure parce qu'elle
voudrait aller rejoindre le Prince Charmant. La
fée Marjolaine se pointe, lui file un coup de
baguette magique. V'là la môme saboulée de
first : collant noir, minijupe, santiags à bouts
d'acier. Une Testarossa l'attend devant la lourde.
La fée lui dit : « Amuse-toi bien, mais si tu n'es
pas rentrée à minuit, ta chatte se transformera en
melon. »

— Toinet, voyons ! proteste m'man.

Toinet n'en a cure.

— Ben quoi, c'est la vie ! objecte-t-il. Donc,
v'là la môme Cendrillon qui rejoint le Prince. Ils
vont dans un restau super-classe. La môme s'ef-
force de claper sélect pour êt' à la hauteur. Au
dessert, le Prince commande un melon en disant
comme quoi, il adore. Fectivement, il oublille ses
belles manières et se met à le goinfrer comme un

sagouin, en le tenant à pleines mains. Quand il a fini de claper, y demande à Cendrillon :

« — Au fait, il faut que vous soyez rentrée à quelle heure ? »

« — Oh ! qu'elle fait, songeuse : vers les quatre, cinq heures du matin ! »

— Toinet ! revient à la charge m'man, tes histoires ne sont pas convenables !

— Une histoire n'a pas besoin d'être convenable, déclare le vaurien, ce qu'il faut, c'est qu'elle soye drôle !

Il a déjà tout pigé, l'artiste.

Et puis voilà qu'on sonne à la grille, Maria, l'Ibérique-de-mon-corps, vient confirmer le fait.

— Allez voir ce que c'est, soupire Félicie. Mais si c'est Monsieur qu'on demande, répondez qu'il est occupé.

Pressentant une couillerie, je me mets à dévorer la blanquette pour profiter de mes derniers instants de liberté. Toinet, ravi que l'on fasse l'impasse sur sa vie scolaire, m'imite.

Retour de l'ancillaire inépilée, porteuse d'un pli.

— C'esté ouna dame ! annonce-t-elle, qu'elle vient dé la part dé vostre director.

Je saisis le message dont l'enveloppe est frappée du sceau d'Achille.

L'éventre.

Lis :

    Cher San-Antonio,
Je vous adresse Mlle Violette Lagougne, que vous avez connue à Riquebon. J'ai parachevé moi-même sa formation professionnelle et la juge per-

formante. Prenez-la comme auxiliaire dans la déli-
cate enquête qui vient de vous échoir.

Cordialement.

(signé illisible, mais sur dix centimètres de long)

Un grattouillis me dermifuge de la cave au
grenier. Seigneur ! Que m'arrive-t-il ! Violette,
l'ancienne contractuelle levée par Bérurier ! Vio-
lette, la boulotte, la rouquine, la saute-au-paf
tout-terrain qui se fait aussi bien les gonzesses que
les mecs ! Violette la violeuse. Elle, mon adjointe !
A moi, si élégant, si racé, si tout !

— Demandez-lui d'attendre dans le petit salon,
Maria !

L'Espingote me virgule un long regard pas-
sionné, qui, s'il était une langue, me ferait feuille
de rose.

Je me carre un nouveau godet de Côte-rôtie,
breuvage ineffable de la somptueuse vallée du
Rhône.

— La meilleure blanquette de ta vie, m'man !
assuré-je en essuyant mes lèvres.

Elle pâme d'aise.

— Tu me dis cela à chaque fois, Antoine.

— Parce que c'est chaque fois vrai, ma chérie.
Tu progresses implacablement.

J'ouvre la porte doucement. Je découvre un
tailleur pied-de-poule à col de velours, une paire
de jambes admirables, des chaussures Kélian.
Quant au visage, il m'est provisoirement dérobé
par une édition du *Voyage au bout de la nuit*
illustrée par Tardi.

Je toussote. Le *Voyage* descend jusqu'aux

genoux de la lectrice et mon souffle se met à
ressembler à celui d'une vieille machine à vapeur
partant à l'assaut de la cordillère des Andes au
temps de Pancho Villa.

Violette !

Oui, bien sûr, c'est elle.

Elle, indéniablement. Mais elle, autrement.
Elle moins dix kilogrammes, elle, non plus rousse
ardente, mais blonde vénitienne (si je puis dire).
Elle, au visage mieux fardé que celui d'une star
hollywoodienne. Elle, élégante et dotée de
manières exquises.

— Violette…, bafouillé-je-t-il.

Elle dépose le bouquin sur une table basse et me
tend la main.

— Je suis ravie de vous revoir, commissaire.

Je lui chipe la dextre, la malaxe en hésitant à
m'embarquer dans un baisepogne Grand Siècle.

Ne serait-ce pas de la confiture de roses accor-
dée à une gorette ?

Que non point ! Le Vieux a admirablement joué
les Pygmalion et fait du boudin de naguère le plus
raffiné des caviars. Le parfum délicat de la dou-
zelle me titille l'olfactif agréablement. Son regard
est spirituel, son maintien irréprochable. Je
plonge pour la bisouille furtive. Elle-même tient
sa pattoune levée gracieusement.

— Quelle somptueuse transformation ! exulté-
je. Mes compliments, Violette.

— Merci de l'avoir remarqué, commissaire.
Mais le mérite en revient à ce magicien d'Achille
qui s'est piqué au jeu pour faire de la grosse
gourde dévergondée que j'étais, une femme à peu
près convenable.

Elle me vote un éclatant sourire carmin qui découvre un somptueux collier à paf.

— Achille m'estime opérationnelle et souhaite que vous m'acceptiez pour collaborer à l'enquête concernant l'assassinat du Lord anglais. Avec son goût pour le romantisme, il a décidé de baptiser cette affaire : « Cousin frileux. »

— Pourquoi « frileux » ?

— C'est la question que je me suis permis de lui poser ; il m'a répondu assez sèchement : « Parce que ».

— C'est toujours la meilleure explication qu'un chef peut fournir à ses subordonnés, ris-je.

Elle décroise ses admirables jambes pour les recroiser dans l'autre sens.

Ah ! comme le Dabe a bien fait les choses ! Elle porte des bas, un porte-jarretelles, une exquise culotte noire festonnée de dentelle rose. Le haut de gamme de l'excitance.

— Vous prendrez bien quelque chose, Violette ?

Le rêve serait qu'elle me réponde « Oui : un coup de bite ! », mais le style a changé.

— Si vous buvez du café après votre repas, j'en accepterais volontiers une tasse, commissaire.

— Appelez-moi Antoine.

— Je préfère pas : ce ne serait pas convenable ; le respect de la hiérarchie conditionne l'efficacité des armées.

Mazette ! Il a fouillé la « formation » de sa protégée, le Chilou. Quel remarquable chef du protocole il aurait fait !

— Vous voyez toujours Alexandre-Benoît ? m'enquiers-je.

Elle crispe un peu des labiales.

— Ce poussah ! Oh ! commissaire, je compte bien me faire des relations plus huppées ! Il appartient à un passé que je vais devoir occulter de ma mémoire. Mais l'oubli est notre principal atout, à nous autres femmes. L'homme s'attarde sur le passé, tandis que la femme se gave du présent. Bon, cela dit, souhaitez-vous que nous commencions à parler de « Cousin frileux » ? Achille m'a communiqué le dossier ce matin et, avant de venir vous trouver je me suis livrée à quelques investigations.

Elle sort de son sac à main un minuscule bloc de papelard à reliure spirale dont elle a noirci les premiers feuillets. Elle les consulte rapidement, puis déclare d'un ton uni, calme et minutieux :

— « Cousin frileux » avait sur lui son billet d'avion et sa carte d'embarquement. Il allait prendre le vol de 9 heures 5 pour Athènes. La personne qui l'a exécuté a fatalement pris un avion aussi puisqu'elle a perpétré son assassinat dans la zone située après les formalités de police. Si elle ne l'avait pas pris, il y aurait eu des appels puisqu'elle s'était forcément enregistrée et son vol ne serait pas parti sans un contrôle des bagages sur l'aire de départ ; vous connaissez le processus.

Dis donc, elle a l'air d'en avoir dans le cigare, la mère ! Et quand le Vieux la juge « performante », il ne se berlure pas.

Violette poursuit :

— Le tueur de « Cousin frileux » devait avoir hâte de quitter l'aéroport, voire le territoire français une fois son « contrat » rempli. Il m'est donc venu à l'esprit qu'il s'est embarqué rapidement, non dans l'avion du « Cousin », puisque la mort de celui-ci allait en retarder le départ, mais à bord d'un autre appareil au décollage imminent. Le plus proche départ après l'avion pour Athènes est celui de l'avion pour Istanbul à 9 heures 15. Comme les témoignages sont une denrée de brève consommation, je me suis rendue à l'aéroport et j'ai demandé à parler aux préposés, hommes et femmes, qui, hier matin à 9 heures, assuraient le contrôle les bagages à main et des passagers aux appareils détecteurs de la salle d'embarquement pour Istanbul. Comme la matinée d'hier était ensoleillée, je leur ai demandé s'ils avaient souvenance de passagers nantis de parapluie ou de canne. Evidemment, c'est le genre de détail qui ne laisse guère de trace dans la mémoire.

« Toutefois, deux des quatre policiers en service se sont rappelés un religieux à col romain et croix d'argent qui s'aidait d'une canne pour marcher. L'arceau magnétique a sifflé lorsqu'il est passé. Il a alors tendu sa canne à l'un des flics en lui expliquant que l'embout de celle-ci étant métallique, la chose se produisait à chaque fois. Il a repassé l'arceau sans déclencher d'alarme et on lui a restitué sa canne perturbatrice. Je me suis fait donner un signalement le plus précis possible de l'homme en question. Il portait un costume gris foncé, était âgé d'une cinquantaine d'années, avait de l'embonpoint, surtout dans la région de l'abdomen, des cheveux presque blancs, le nez épaté et une paupière tombante. J'ai aussitôt communiqué ces renseignements à l'Identité judiciaire et ils travaillent dessus. »

Me voilà médusé de haut en bas. Tu parles d'une guerrière ! Non mais, elle va me faire la pige, Violette, si elle continue sur cette lancée.

— Vous irez loin ! ne puis-je m'empêcher de murmurer.

Elle sourit :

— En tout cas, jusqu'à Istanbul, n'est-ce pas ?

LA BITE SOUS LE BRAS

Tout en alexandrins ! Fallait le faire !
Ça commençait comme ça :
Les jeunes filles pubères à la chatte torride.
Et c'était plein de frifris, de moules, de cra-
mouilles, de chaglattes, de craquettes.
Il m'avait adressé son manuscrit en m'implorant
une préface. Devant cette avalanche de sexes
féminins, je le lui avais retourné agrémenté de
l'avant-propos ci-après : « Un livre cons. »
Il avait trouvé ça génial « venant de moi » et
avait fait imprimer le chef-d'œuvre à compte
d'auteur chez un bas requin de l'édition, un de ces
écumeurs d'adolescents transis, d'instituteurs ins-
pirés, de dames mal baisées, de retraités désœu-
vrés soucieux de « laisser une œuvre » avant
d'aller se faire offrir des chrysanthèmes à la
Toussaint. La couverture était rose (cucul la)
praline, ornée d'un cul-de-lampe représentant un
soutien-gorge en forme de deux cœurs. Il m'avait
torché un envoi pas piqué des hannetons : « Au
Grand San-Antonio, sans qui rien ne serait. » La
formule était un peu déifiante et devait flatter ma
vanité ; elle ne fit qu'ajouter à mon désarroi, car je

regrettais de trouver mon nom sur cette plaquette insalubre.

— Que lisez-vous ? me demande Violette dans l'avion qui va nous enturquer.

— Des vers, fais-je. Ou plutôt des asticots de poésie. Une forme, chez moi, de délectation morose !

Je lui résume mon calvaire.

— Vous permettez, commissaire ?

Délicatement, elle me retire des doigts cette brouillade d'alexandrins et entreprend de la lire.

— Il y a du souffle, décide ma compagne de voyage.

— Du souffle et du foutre, ricané-je ; l'opuscule dégouline de sperme.

— Les pieds y sont.

— Vous parlez de ceux que prennent les démones évoquées par l'auteur.

— Un ami à vous ?

— Pas exactement ; ce monument est d'Achille.

— Non !

— Si !

— Il n'a pas signé de son nom ?

— Précaution élémentaire, ma chère madame Watson. Que l'ouvrage arrive sur le bureau du ministre de l'Intérieur avec son véritable patronyme sur la couverture, et notre glorieux patron s'en va cueillir les roses de sa propriété de Deauville, malgré les hautes protections dont il jouit.

Elle continue de tourner les pages.

— Il est davantage lyrique avec son stylo qu'avec son pénis, déclare la ravissante, comme se parlant à elle-même.

Ce qui te prouve qu'elle a de l'esprit.

— Il semblerait que vous ne conserviez pas du Boss un souvenir ébloui ?

Elle hocha la tête.

— Les hommes âgés ont plus grands yeux que gros sexe, commissaire. Avec eux, l'amour commence et finit par des baisers d'entresol, pleins de générosité certes, mais que perturbe leur manque de souffle. Et ils écrivent le livre de la même encre que la préface. Le pathétique, c'est les fausses joies que leur causent certaines velléités qu'ils croient miraculeuses mais qui ne se manifestent que pour mieux les humilier. Ah ! ces tentatives inabouties ! Ces chétives érections qu'ils veulent mettre à profit, mais qui les abandonnent avant qu'elles fussent en place, comme si notre sexe effrayait le leur et provoquait la sinistre débandade.

Elle parle en tournant les pages de l'œuvrette faite d'un seul cahier imprimé. Elle lit à voix basse :

— *Prodiguer des caresses qui les feront mouiller*. Là, il se vante, soupire Violette. Cette humectation qu'il évoque résulte uniquement de ses salivaires.

Elle ferme la plaquette.

— Tenez, commissaire, reprenez cette œuvre : elle m'attriste. C'est de la poésie de naufragé.

Elle dépose l'ouvrage sur mes jambes et omet de récupérer sa main. La présence de cette dernière, loin de m'indisposer, fait immédiatement caracoler Coquette en tête de peloton. Violette a la bienséance de ne pas remuer les doigts. Doux supplice qui meuble parfaitement le temps mort du trajet.

Popaul arc-boute comme Jean Valjean quand il

soulève la charrette du vieux roulier coincé dessous.

— Je ne vais pas pouvoir remonter par la cheminée, murmuré-je.

Violette sourit. Tout en laissant sa main inerte, elle demande :

— A propos, Mathias vous a-t-il révélé ce que contenait la capsule découverte dans l'intestin de « Cousin frileux » ?

— Un rouleau de papier si fin, si fin qu'il pouvait se loger dans ce minuscule conteneur, bien qu'il mesurât six mètres de long. Il est couvert de caractères et de dessins follement miniaturisés. Mathias va s'entourer de spécialistes du décryptage et s'attaquer à l'étude du document ; il prévoit que ce sera long.

— « Cousin frileux » arrivait de Tokyo et s'embarquait pour Athènes lorsqu'on l'a tué, n'est-ce pas ?

— *Yes, Miss.*

— Vous avez son pedigree ?

— J'ai expédié Blanc et Bérurier en Angleterre pour dresser la biographie du bonhomme.

— Bérurier est un demeuré, objecte Violette.

Elle paraît avoir honte de ses débordements anciens, la « créature » inventée par le Vieux.

— Un demeuré doublé d'un grand flic, rectifié-je. Un chien de chasse n'a pas besoin d'être intelligent pour lever le gibier, son instinct lui suffit.

Vexée, elle me prive de sa main frôleuse. Mais mon bigoudi de cérémonie a bon pied bon œil et continue de faire le beau, dressé sur ses pattes de derrière.

Au bout d'un temps assez court, les hôtesses se

pointent avec leur petite roulante pour nous
délivrer la gamzoule classique : ravier de saumon
fumé, macédoine de légumes, petit plat contenant
du rôti de dinde à la béchamel, portion de
calendos plâtreux, diplomate au rhum, quart de
bordeaux.

Je refuse d'un geste mon somptueux plateau.

— Vous n'avez pas faim ? déplore l'hôtesse.

— Une faim d'ogre, réponds-je, mais je ne
veux pas la gâcher.

Mustafa Kémal Foutu dirige la section crimi-
nelle de la Police d'Istanbul. C'est un homme
agréable à l'air sérieux. Il fait prof d'université
avec son complet bleu sombre, sa chemise blanche
et ses lunettes à double foyer (le double foyer est
fréquent chez nos frères musulmans). Le regard
noir et brillant, le sourire onctueux, le parler
velouté, il se lève avec grâce lorsque nous péné-
trons dans son bureau, presse nos dextres avec
empressement.

— Très honoré. M. le directeur de la Police
parisienne a pris la peine de me téléphoner pour
réclamer notre aide ; nous vous sommes entière-
ment acquis, monsieur le commissaire San-Anto-
nio.

Il m'est donné de constater que ma réputation a
survolé l'est de la France, une partie de l'Alle-
magne, l'Autriche, la Yougoslavie, la Bulgarie,
pour pouvoir atteindre le Bosphore.

Il nous propose du thé tout en lorgnant discrète-
ment, mais avec une bite d'au moins vingt-cinq
centimètres, les jambes de Violette. Je décline, le
thé représentant pour moi le pire des breuvages ;

mais mon élégante collaboratrice accepte et me prouvera dans moins de pas longtemps qu'elle sait piloter tasse et sous-tasse avec dextérité, chose qui n'est pas fatalement évidente.

J'expose au policier turc la raison de notre venue au pays des croissants chauds. A mesure que je décris « l'homme à la canne », il prend des notes de droite à gauche en caractères vermicelle.

Je précise le numéro du vol emprunté par le supposé tueur de cousins royaux, ainsi que le jour et l'heure de son arrivée dans l'ancien empire ottoman.

Après cela, Mustafa décroche son turlu et mande de toute urgence deux de ses collègues : MM. Turfoul Ogog, chef de la Police de l'aéroport d'Istanbul, et Huntrou Ammabit, chargé de la « sécurité » des étrangers débarquant en Turquie. Ces personnages affables se montrent très honorés d'avoir à prêter main-forte à un illustre élément de la Police française. Ils nous rient à pleines dents en lissant leurs moustaches à la Omar Sharif et baisent des yeux la chère Violette, très digne dans son fauteuil de cuir.

Ils me promettent d'entreprendre une enquête rapidissime à propos de l'ecclésiastique à la canne. Cette silhouette particulière ne passant pas inaperçue, ils auront du nouveau avant longtemps et nous contacteront à l'hôtel *Thagada Veutu* où nous allons descendre en quittant nos confrères.

Je les remercie chaleureusement. Avant qu'on ne se quitte, Turfoul Ogog m'apprend qu'il a un frère joaillier au bazar Kükülafrez où j'aurai la faculté d'offrir de ravissants bijoux à la « jolie dame », pour des prix défiant toute concurrence. Il me refile la carte du frelot.

Je ne te parlerai pas de la circulation dans le centre d'Istanbul, car elle est indescriptible. Les automobiles les plus modernes sont mélangées avec des moyens de locomotion bibliques, dont la carriole attelée d'un âne est la plus courante. Des odeurs d'épices, de beignets, d'essence brûlée et de poissons retentissent un peu partout (1). Je pilote ma Mercedes de louage avec précaution dans cet enchevêtrement d'autobus déglingués, de camions d'avant-guerre (et je te dis pas laquelle), de vélos déclavetés, de voitures à bras poussées (ou halées) par des vieillards chenus (la Turquie est le pays des centenaires).

Le soleil illumine ces univers fiévreux. Des coupoles de mosquées rutilent un peu partout. Le port est omniprésent. Par des trouées de quartier, on aperçoit des paquebots noirs et ventrus, battant pavillon soviétique, de grands bateaux grecs, blanc et bleu, une flottille dense d'embarcations turques, presque bord à bord sur le Bosphore, pour assurer le trafic entre l'Europe et l'Asie. Ville féerique, ville d'azur et d'or dont les fastes passés festonnent sur les places et les avenues. Orient de légende, à peine mutilé par la poussée du progrès (2).

— C'est superbe, murmure Violette qui en déguste plein les vasistas.

Elle ajoute, après un temps de réflexion :

— Mais si notre homme n'est pas descendu

---

(1) Car une odeur trop insistante « fait du bruit ».

San-A.

(2) Fin de la citation extraite du Guide San-Antonio.

dans un hôtel, on ne le retrouvera jamais dans une cohue pareille !

Curieuse remarque, qui montre que le boulot lui tient à cœur. Et c'est vrai que si le meurtrier (supposé) de « Cousin frileux » loge chez un pote, ça ne va pas être de la tarte aux poils que de lui mettre la main dessus.

L'hôtel *Thagada Veutu* domine la Corne d'Or. C'est un établissement moderne, mais de style mauresque qui se dresse sur une éminence de terrain, non loin de l'ancien palais de l'émir Kitankül.

Accueil princier. Le personnel de réception est vêtu à l'ancienne, de pantalons bouffants blancs, de gilets rouges brodés de dorures, et coiffé de turbans immaculés, énormes comme des courges de comice agricole.

J'ai retenu deux chambres communicantes, mais au service des réservations ils se sont mépris et nous ont attribué une seule chambre flanquée d'un minuscule salon. Moi, je ferme ma gueule et rejoins Violette, à l'affût devant une vitrine de l'hôtel où sont exposés des bijoux un peu trop orientaux pour qu'on les puisse porter à une sauterie de la mère Elizabeth (de mes) II d'Angleterre. Je la récupère en lui expliquant comme quoi l'hôtel est archicomplet et qu'à la guerre comme à la guerre, je dormirai au salon.

Un ascenseur en forme de cage à oiseaux nous hisse au quatrième. Notre accueilliste délourde une porte et nous voici dans un endroit merveilleux de grâce, avec un immense lit bas, des tapis, des tentures, des meubles byzantins, des miroirs biseautés et une descente de lit en bison teint. La salle de bains est carrelée de fines mosaïques reconstituant l'entrée de Mehmet II à Constantinople en 1453, c'est te dire que ça ne nous rajeunit pas ! Tous les fastes de l'Orient ! Là-dedans, je vais me prendre pour le calife Halhuil Dar Hachid !

Je fais un rapide tour du propriétaire. Le salon est trop exigu pour permettre l'adjonction d'un lit. La môme Violette le constate en même temps que moi, mais reste sur sa réserve, comme ce chef indien qui refusait d'aller au cinéma avec sa squaw.

Sans mot dire, elle débonde sa valdingue et accroche ses harnais dans une des deux penderies ; elle place ensuite, et sans ostentation, de fines et affriolantes lingeries au fond de tiroirs ombreux.

— Aimeriez-vous que je défasse votre bagage ? me demande-t-elle une fois terminée sa propre installation.

— Pensez-vous que je vais vous laisser batifoler dans mes slips de don Juan ! ricané-je-t-il.

Je procède à de hâtifs rangements ; ce qui s'explique par le fait que je trimbale toujours, tu le sais, un minimum d'effets, conscient qu'un flic qui doit faire le tapin dans la salle de délivrance des bagages à sa descente d'avion est un flic entravé.

Lorsque j'en ai terminé, la môme se plante devant ma pomme.

— Quelles sont vos instructions, commissaire ? Attendre les résultats de l'enquête conduite par nos collègues turcs ?

— Nous sommes tributaires d'eux, souligné-je, du fait que nous ne parlons pas la langue de ce pays. Dans le cas présent, il faudrait retourner à

l'aéroport, questionner les préposés des services
de police et des douanes, le personnel au sol, les
chauffeurs de taxi. Nous en trouverions quelques-
uns qui parleraient anglais, peut-être, mais ce
serait insuffisant pour mener des investigations
cohérentes. Les flics turcs sont nos chiens de
chasse, attendons qu'ils nous lèvent le gibier.

— Et en attendant, on fait un peu de tourisme
dans la ville ?

— En attendant, moi j'attends, réponds-je non
sans finesse. Mais nous ne sommes pas obligés
d'attendre à deux et vous pouvez parfaitement
aller faire un peu de lèche-vitrines dans le quar-
tier.

Je m'attends à ce qu'elle proteste, me réponde
que pas du tout ! qu'elle va rester avec moi à
couver le téléphone. Pour être franc jusqu'aux
testicules, cette vaste piaule me porte aux lan-
gueurs et, franchement, je lui déclencherais volon-
tiers mes manœuvres d'automne en mer de Mar-
mara. Je m'imagine déjà en séance de décarpil-
lage. Ça s'arrangeait impec, dans des pénombres
savamment composées et le silence. La douce
décarrade des loques sur sa peau d'ancienne
rousse. Froissements polissons. Souffle à peine
accéléré. De ci et là, un baiser furtif sur une
fossette culière ou un mamelon érectile. La nuda-
tion progressive. Les ondes moelleuses. Des fra-
grances subtiles. Du tiède. Du ouaté. La mise en
train de la menteuse aux points stratégiques de la
jeune vierge pâmoiseuse. Le départ lent dans la
nacelle du plaisir, comme l'écrit Jean-François
Revel, à moins que ce ne soit Tailleur-Grillet (on
est en automne).

Je me sens en volupté, comme on se sent en

colère. C'est incontrôlable. Suave. Un lit pareil, tu penses ! La manière que j'allais me laisser saliver l'archet ; en amour, y a pas de panard géant sans lubrification approfondie. La mouillance est la garantie de réussite. Tout envisagé, j'ai déjà. Plus fort que moi. La reniflade des aisselles, par exemple, la pourlèche des orteils, le petit bonjour familier à l'œil de bronze, les battements de cils sur la tronche du gland ! Tout ça faut le prévoir, s'y préparer. Et tu sais quoi ? cette connasse qui murmure :

— Bon, eh bien puisque vous me le proposez, je vais aller faire un tour.

La vachasse ! J'en suis soufflé. Me voilà avec le dardillon en berne. Il allait se déguiser en chapiteau de cirque et, par sa légèreté insouciante, cette morue le mue en tagliatelle trop cuite ! Elle joue pas le jeu, Violette. Est-ce qu'il nous l'aurait « dévoyée » en la façonnant, Chilou ? Cependant, dans l'avion, il m'a semblé qu'elle était coopérante, la greluse. Certains frémissements ne trompent pas.

Elle va se mignarder le museau devant la grande glace du lavabo, me décoche un beau sourire éclairé au néon et s'emporte.

Seul !
Charognasse !
J'en ai des crispations dans le poitrail. Dis, elle va pas m'infarctuser, la sagouine, avec sa désinvolture ! J'ai toujours eu le pressentiment que je périrais d'un coup de rapière rentrée. Moi, le côté résignance et bite sous le bras, j'sais pas faire. Je suis un inadapté de la membrane foireuse.

Je branche la télé, mais à la tienne ! Y a un

gusman aux baffies larges comme un râteau à
feuilles mortes qu'est en train de dégoiser plein
écran dans son dialecte loukoum. Je vais pas me
mettre à apprendre le turc, non ! Je coupe, largue
mes pompes, dépose mon bénoche sur un dossier
et me flanque à plat ventre sur le lit. Ça ajoute à
mes regrets charneux. Un pucier comme je les
aime : ni dur, ni mou, avec la flexibilité qui te
répercute le coup de tringle dans les bourses par
un merveilleux effet de boomerang.

Elle me le paiera.

Je mâchouille de sombres représailles jusqu'au
sommeil qui me gagne.

Là, je vais déposer des astérisques, c'est ce qui
se fait de mieux, en imprimerie, pour marquer
qu'un laps de temps s'écoule.

Mon sub l'attendait intensément, cette sonnerie
téléphonique. Eh ben voilà, ça y est : elle se
produit. Une ronflade caverneuse, étudiée, faite
pour t'appeler sans trop te casser les couilles.

Je me mets à genoux sur mon pieu. C'est
crépusculaire autour de moi. Putain, combien de
temps ai-je dormi ? Je cherche le biniou près de
ma couche. Pas duraille à retapisser, il est pourvu
d'un voyant lumineux qui palpite en cas d'appel.
Pendant le temps assez bref que je mets à décro-
cher, je me dis que la Violette n'est pas encore
rentrée et qu'elle attige dans son rôle de touriste.

Je porte le combiné couleur d'ivoire à ma frime.
Voix mélécassiste d'un standardiste turc qui parle
le français comme un acadien ayant vécu en
Amérique latine :

— Un téléphone pour vous, Monsieur !

— Merci, feulé-je, biscotte le monstrueux bâillement dont je suis obligé de me séparer.

— Commissaire ?

Merde : Violette !

— Qu'est-ce que vous foutez, bordel ? C'est ça que vous appelez « faire un tour » ?

Elle, calmos :

— Je crois que j'ai retrouvé notre homme.

Alors là, la foudre ! Le seau d'eau ! Le coup de gourdoche !

Je ne peux qu'égosiller :

— Hein ?

Et c'est pas fastoche à égosiller, une exclamation style « Hein ? ». « Comment », ça va encore : c'est expulsif, tu comprends ; tandis que « Hein ? » est un verbe aspiratif. Et du troisième groupe : le plus chenillard !

— Je vous répète que je crois avoir déniché notre type. Sautez dans un taxi et venez dans le quartier de Bézatouva, je vous attendrai devant le tombeau de Fépaça-Gamel.

Elle raccroche, me froissant le tympan.

Hébété, je remets mes grolles, enfile ma veste, me recoiffe et fonce à la lourde.

Il me semble que j'oublie quelque chose ?

Ah ! oui : mon pantalon.

WINDSOR LODGE

Le tombeau de Fépaça-Gamel (dit le tuberculeux) est érigé sur la place Fépaça-Céçal, délicieusement ombragée de palmiers. Des pelouses fleuries complètent l'enchantement du lieu que troublent seuls les coups de maillets des dinandiers martelant le cuivre, nombreux dans le quartier de Bézatouva. Le mausolée est en marbre de Gruyère de couleur jaune. Il représente Fépaça-Gamel sodomisant un Grec vaincu à la fameuse bataille de Crados (1646). En bas-relief ses guerriers font des bras d'honneur au soldat grec humilié. L'œuvre est d'une force pénétrante.

Violette est en train de la contempler d'un œil pensif lorsque le vieux taxi asthmatique me dépose devant le tombeau.

Elle me sourit sans forfanterie.

— Fépaça-Gamel avait de bien petits testicules, me dit-elle en désignant la sculpture.

— Peut-être que l'artiste ne disposait pas de suffisamment de marbre pour les reconstituer fidèlement, hypothésé-je. Cela dit, l'œuvre date seulement de soixante ans, ayant été commandée par Mustafa Kemal, plus commodément appelé Atatürk. La réelle dimension des bourses de

Fépaça-Gamel a été probablement occultée par l'Histoire dont la fidélité à ce genre de détail est souvent incertaine.

— Vous appelez cela un détail ! ironise Violette.

Ayant à cœur de ne pas la questionner, ce qui met toujours un supérieur hiérarchique en position d'infériorité vis-à-vis de son subordonné (puisque celui-ci détient des connaissances qui lui font défaut), je continue de m'appesantir sur la paire de couilles de Fépaça-Gamel. L'air est embaumé par les fleurs et le bruit du cuivre martelé est mélodieux à mes tympans. Moment de grâce en cette nuit tiède de l'ancienne Byzance.

— La grosseur des bourses est-elle, d'après votre expérience, en rapport, si je puis dire, avec les performances sexuelles de leur propriétaire, douce Violette ?

Elle fait semblant de rougir et balbutie :

— Je ne saurais l'affirmer, mais la chose me semble évidente. Je tiens pour acquis que l'homme performant dispose de réserves. Si l'intendance ne suit pas, la bataille est de courte durée !

Chère belle âme au cul somptueux, comme elle s'exprime bien ! Mon admiration pour Achille s'en accroît.

Et puis elle se décide :

— Voyez-vous, commissaire, je suis une fille exaltée, passionnée par le métier qu'elle a choisi. Je n'avais pas la patience d'attendre les réactions de nos homologues turcs. Je me suis dit que, même si c'était en pure perte, je devais entreprendre quelque chose.

— D'accord, mais quoi ? ne puis-je me retenir de croasser.

— J'ai affrété un taxi et lui ai demandé de faire la tournée de tous les hôtels de standing de la ville, pensant que le faux ecclésiastique à la (sarba) canne, s'il était « tueur à gages de classe internationale » (il tue un Anglais en France avant de s'embarquer pour la Turquie) devait s'offrir des hôtels de luxe au cours de ses déplacements.

L'a b c du métier, elle l'a, Miss Violette.

— Je suis donc allée dans les réceptions des meilleurs établissements hôteliers d'Istanbul et, au bout de trois heures d'efforts, j'ai obtenu un résultat.

« En fait, notre homme, si c'est bien lui, comme je l'espère, est descendu dans une pension de luxe. C'est tout à fait par hasard que je l'ai découverte. Nous passions devant, j'ai demandé à mon chauffeur, qui parle le français, ce qu'était cette belle demeure, un peu vieille Angleterre d'aspect, style qui trouble dans cette ville ottomane. Il m'a expliqué qu'il s'agissait d'une maison louée par studios ou petits appartements, avec un service de repas. Pourquoi ai-je décidé de la visiter quand même ?... Mystère. »

— Parce que vous avez l'instinct flic, fais-je, sans lequel on n'arrive pas à grand-chose.

— Je suis donc allée me renseigner auprès d'une dame britannique, d'un âge avancé, qui gère cette pension ; elle a tout de suite vu de qui il s'agissait. Elle m'a expliqué que l'ecclésiastique n'est pas son client, mais qu'il accompagne son neveu qui, lui, est un habitué de la maison, un certain Tommaso, lequel fait des séjours épisodiques à Istanbul. Le Tommaso en question serait un romancier anglais, malgré son patronyme. Il est jeune, grand, d'aspect maladif et porte des lunettes.

— Formidable ! fais-je. Violette, vous êtes une recrue époustouflante et je vous annonce la plus étonnante des carrières !

— Merci, fait-elle, sans l'once, ni le pouce d'un début de vanité.

Elle regarde la stature de Fépaça-Gamel (1611-1647) (1).

— Bel homme, soupire-t-elle. Je suis convaincue qu'il possédait en réalité des attributs plus en rapport avec sa carrure.

Puis, revenant à son enquête :

— J'ai essayé d'obtenir un logement dans la pension de famille de la dame, mais elle a levé les bras au ciel en m'assurant que tout était réservé des mois à l'avance.

— Il est à craindre qu'elle prévienne Tommaso de votre « enquête », réfléchis-je.

— Je ne le pense pas, répond Violette. Quitte à ruiner la réputation de son client dans l'esprit de la vieille femme, je lui ai confié que son oncle le pasteur n'était pas son oncle et qu'ils avaient tous deux des mœurs contre nature. J'ai ajouté que je me livrais à une enquête pour le compte de la femme du religieux et qu'il convenait de rester discret. Elle était horriblement choquée, la malheureuse, et m'a promis de ne parler de ma visite à âme qui vive.

— Parfait, ma brillante amie ! Conduisez-moi jusqu'à cette honorable *house*.

_____

(1) Ce sultan est mort prématurément de la chtouille contractée en sodomisant le guerrier grec.

— C'est à trois cents mètres d'ici, m'avertit l'Emérite.

Je la cueille par la taille.

— Vous savez, lui dis-je, je n'ai, physiquement, aucun point commun avec Fépaça-Gamel ?

Elle répond à cette question par une autre :

— Croyez-vous que j'aie jamais envisagé pareille hypothèse, commissaire ?

La pension de famille grand standing se nomme *Windsor Lodge*. Dans ce quartier oriental, elle surgit comme un anachronisme, avec son architecture faux gothique, ses fenêtres à petits carreaux, ses murs de pierre envahis par une sorte de lierre plus jaune que celui qui pousse dans la terre grande-albionaise. Un perron de quatre marches permet l'accès à une petit hall garni de boiseries tristes et de tableaux pompeux éclairés par des rampes de laiton.

— Attendez-moi dans les parages, ma Merveille ! dis-je à Violette. Comme vous vous êtes déjà montrée, c'est à mon tour d'intervenir.

J'entre.

A l'intérieur, ça ne ressemble pas le moins du *world* à un hall d'hôtel. Plutôt à une bibliothèque. Il y a des placards, aux portes pourvues de grillage, qui abritent de beaux livres reliés qu'on devine chiants comme des dimanches britanniques, un meuble Regency, en bois brun, appuyé au mur avec, fixé sur ce dernier, un minuscule placard plat contenant les clés des chambres. Sur le bureau, un carton annonce en anglais : « Si vous avez besoin d'un renseignement, veuillez sonner, s'il vous plaît. »

Exquise politesse. Comme je vais souscrire à

cette formalité, une jeune servante turque qui serait terriblement sexy si elle avait moins de moustache, un strabisme moins divergent et une odeur moins ménageresque surgit, traînant un aspirateur ventru par la trompe.

Je lui montre mes trente-six chailles avec tout leur éclat, ce qui l'incite à mettre ses lunettes de soleil.

— Mister Tommaso ? fais-je-t-il.

Elle ouvre sa bouche en grand, comme si elle s'apprêtait à mordre dans un éclair au chocolat géant ou à sucer une très grosse queue. Déjà deux dents cariées, à son âge, bonjour les dégâts ! Dans dix ans, cette mémé aura la clape pareille à un incendie de pinède.

Elle profite de sa gueule ouverte pour lâcher :

— Manchester.

Des frissons de désappointement me chopent sous le cervelet et me descendent dans les chaussettes après m'avoir court-circuité les balloches. Le mec est reparti pour Manchester ! Il aura fait vite ! La vieille taulière l'aurait-elle mis au parfum ? Pourtant, quelque chose me tarabate : le cllle d'une telle crèche va-t-il mettre une humble servante turque au courant de ses déplacements ?

Moi, nigaud, je répète :

— Manchester ?

— Au premier, à droite ! complète cette exquise musulmane.

Je réalise alors que les piaules de l'établissement, au lieu de comporter des numéros, se distinguent les unes des autres par des noms de villes britanniques.

Je la gratule d'un nouveau sourire, m'élance dans l'escalier.

Fectivement, je lis sur les portes, écrit en anglaise bleue à poils blancs : « Durham », « Leeds », « Liverpool »... Et enfin « Manchester ».

Tout est solennel, ici ; le silence règne. La moquette y est épaisse et des plantes vertes se font chier dans des grands pots alors qu'on est si bien dehors ! Le couloir désert m'incite aux imprudences. Je colle l'oreille contre le panneau de bois, essayer de capter quelque chose ; mais bernique, comme disait un mollusque de mes relations. De l'autre côté de l'huis, il n'y a personne ou s'il y a quelqu'un, il dort sans ronfler.

Est-il encore besoin de te parler de mes impulsions ? Non, n'est-ce pas ?

Alors, poum ! Voyez le petit sésame ! Un coup je te vois, un coup je te vois plus, cric, claque, fric, flaque : servez chauve ! Me reste qu'à pousser la lourde.

Ce dont.

Chambre confortable de château anglais dont je deviens le fantôme familier. Grand plumard à baldaquin, aux montants tournés et aux tentures en point de Hongrie. Mobilier sévère, presque noir. Papier de tapisserie à rayures fanées. Gravures représentant une chasse à courre dans le bocage anglais saisie dans ses différentes phases, la dernière représentant le pauvre renard roux comme la chatte de la princesse Sarah d'Angleterre, cerné par la meute écumante.

Pour m'assurer que la voie est bien libre, je vais couler un regard avide dans la salle de bains, séparée de la chambre par un dressing, ce qui t'indique que c'est de la taule sélecte.

Personne.

Comme je retraverse le dressing, j'avise un truc aussi bizarre qu'étrange accroché à un portemanteau ; cela ressemble à une espèce de harnais de cuir ayant la forme d'un dos humain. C'est épais et la chose comporte des sangles au niveau de la taille et de la poitrine. Mon raisin ne fait qu'un tour, mais très réussi ! J'ouvre les portes des penderies pour y lancer un avis de recherches. Je me mets à inventorier rapido, et que découvré-je ?

Je te le dis ?

Plusieurs choses. Primo : une paire de grosses chaussures dont l'une comporte une semelle plus épaisse que l'autre de trois ou quatre centimètres. Deuxio : une perruque presque blanche aux cheveux assez courts. Troisio : une canne de bambou dont l'extrémité, métallique, ne me paraît pas catholique.

Compris, l'ami ! L'ecclésiastique tueur n'est pas un gros vioque boiteux. Sans son harnais, sa perruque et ses chaussures, ce doit être un homme svelte, jeune ou « encore jeune », brun ou blond ; bref, un type dont la silhouette n'a rien de commun avec celle dont on nous a fourni le signalement à l'aéroport !

Je bouillonne d'allégresse. Cette fois, j'ai la preuve absolue que nous étions parfaitement aux trousses du tueur.

Comme je m'apprête à calter, survolté par ma découverte, je perçois un bruit de converse dans le couloir.

Deux mecs s'approchent en parlant l'idiome qui fit la gloire du nègre de Shakespeare. Et moi, intuitif comme une concierge napolitaine, JE SAIS que ces deux-là sont MES personnages et qu'ils viennent ici.

Encore quatre pas, plus le temps d'actionner leur clé, mettons huit à dix secondes de sursis. Pas d'autre soluce que de plonger sous le lit à baldaquin.

Des scènes de gazier placardé sous un plumard, j'en ai tellement lu dans des *books,* tellement vu dans des films que, rien que d'en causer, ça me flanque la diarrhée verte. Et pourtant, vu les circonstances, que faire d'autre ? Je ne puis prétendre être le valet de chambre ! Non plus que le gus du recensement. Alors, flout. Dans ton terrier, petit blaireau ! Là-dessous, ça pue la poussière et des moutons voltigent dans mon déplacement d'air.

La clé dans la serrure...

Je m'immobilise en songeant que si les bonshommes passent la noye sans ressortir, je risque de me faire vioque sous ce catafalque. Je songe également que la chambre est vaste et qu'à distance, la perspective plongeante risque de me faire découvrir, le lit étant assez haut sur pattes. Mais enfin, quoi, j'ai toujours bénéficié d'une bonne étoile dans les cas délicats. Ma confiance reste inébranlable, contrairement à moi qui le suis si aisément (branlable). A ce propos, qu'il me soit donné de dire en passant combien je suis frappé par la magnanimité du Créateur qui nous a conçus avec tout un attirail sexuel engendreur de plaisirs sublimes, lequel peut fonctionner sans le concours d'une participation étrangère. Certes, l'onanisme est le parent pauvre de la volupté ; mais quel désarroi serait le nôtre si nous en étions privés ! Quel calvaire endureraient les êtres incarcérés, les solitaires de tout poil, les timides, les honteux, les adolescents, les séminaristes !

Voilà : ils sont entrés. Deux paires de pieds vadrouillent dans la chambre. Mocassins légers, pour la première, chaussures de toile à bout et talon de cuir pour la seconde. Ces messieurs parlent une langue que non seulement j'ignore, mais que j'ai du mal à situer. Ce n'est pas de l'arabe ; peut-être un dialecte de Centre Europe, tel que le hongrois ?

Il vadrouillent en discutaillant. L'un d'eux se rend dans la salle de bains pour lancequiner. L'autre quitte ses targettes (le gus aux tartisses de toile), puis ses chaussettes, son bénoche. Quand il se baisse pour ramasser la chemise qu'il a jetée au sol, je frémis. Va-t-il constater une présence sous le lit ? Mais non, il continue de vaquer. L'autre le rejoint et se dessape à son tour. Je m'efforce de demeurer monolithique.

J'ai le visage tourné vers le sommier. A force de le contempler, je finis par découvrir qu'il comporte une anomalie. Les pièces de bois sur lesquelles est tendue la toile du dessous sont sciées à un certain endroit, près de la tête du lit, et le bricoleur a constitué une sorte de trappe longue d'un mètre, large de trente centimètres, dont j'imagine mal l'utilité. Un taquet de bois maintient ce trappon bloqué. Vu ma position inconfortable, je ne me risque pas à l'actionner.

Selon mon estimation, les occupants de la chambre « Manchester » se trouvent à poil. L'un va à une penderie. J'entends brimbaler des cintres à habits. Un glissement d'étoffe. Un pantalon de smoking glisse sur le tapis. Une main le ramasse. J'ai une chouette aurore boréale dans le Lustucru. Je me dis qu'ils se rendent à une soirée et qu'ils sont seulement rentrés se changer. Ouf !

Et puis j'ai un doute quand un des gars se jette sur le lit, l'ébranlant entièrement et provoquant une pluie de grosses poussières sur ma pauvre gueule d'empeigne. Il soupire et dit je ne sais quoi à son pote sur un ton moelleux. L'autre vient au plumard à son tour. Un bruit clapotesque me révèle enfin qu'il est en train de lui faire une pipe amicale. Bon : un couple de tantes ! Marrant, j'imaginais pas qu'on puisse être tueur à gages et homo. Sotte idée reçue car, après tout, pourquoi pas ? Buter son semblable et prendre du rond sont deux actions qui, sans être complémentaires, ne comportent pas de contre-indications.

Ces gentils messieurs se gouzillent le cartilage d'expansion avec fougue et équité. Au bout d'un bon moment de bilapsus linguae, ils décident de mettre pied à terre, face au lit. Celui qui a les pinceaux le plus près de la couche les écarte, cependant que son suivant très immédiat, les rapproche au contraire. Bien qu'amortis par une paire de meules, les à-coups du mec arrière sont si vigoureux que le pucier à baldaquin se met à craquer, grincer, gémir comme un vieux cotre démantelé dans une tempête en mer de Chine. Le garçon aiguillonné pousse des gémissements à pierre fendre.

Faut dire que son pote n'est pas fainéant du bassin et lui articule sa façon de penser en y mettant les pleins et les déliés. Casserolade en règle des trois unités ! Te lui fais fumer les naseaux arrière, au bébé lune ! La vraie bourrasque cosaque ! Le mignon doit avoir sa rampe de lancement grande comme un étui à longue-vue, pour encaisser des coups de gouminche pareils !

Ah ! c'est des vrais camarades, ces deux-là ! Le

pistonneur doit chauffer des bielles, espère! Il perpètre en furia, l'artiste, sans moduler le moindre, style Ben Hur! Faut que ça pète ou que ça passe.

Ça passe! Le voilà qui brait un grand coup et se laisse courir sur son erre. Fin de section! Le petit monsieur de devant s'est fait caraméliser la pastille, l'autre se termine à la va-comme-je-te-tirlipotte.

Les joyeux partenaires de l'emplâtrage-partie rigolent, contents de s'être débigorné le chalumeau. C'est plein de mecs qui contrairement au proverbe assurant que l'animal est triste après le coït, sont tout guillerets et vachement joyces de leur lâcher de fumée.

Ils vont rafraîchir leurs parties endolories, puis reviennent se sabouler et s'en vont.

Gagné! J'ai eu chaud aux plumes. Je suis inquiet pour la môme Violette qui, je le crains, aura perdu patience et entrepris un coup d'éclat, avec sa mentalité guerrière. Toutefois, avant de repter hors du sous-lit, j'actionne le fameux trappon ménagé dans le sommier, ce qui n'est pas courant, même lorsqu'on voit ça à une pointe extrême de l'Europe.

Le panneau se déplace, démasquant une cache dans laquelle se trouvent un pistolet-mitrailleur avec des boîtes de chargeurs. Le tout est arrimé à l'intérieur du sommier par des sangles. Une telle découverte me pantoise en grand. Ces deux pédoques n'ont pu se livrer à ce travail minutieux depuis qu'ils sont descendus au *Windsor Lodge*. D'ailleurs ce bricolage est ancien.

Je quitte ma planque, m'époussette et me mets à chercher les papiers d'identité des deux person-

nages dans leurs valises et les tiroirs. Mais fume !
Ballepeau ! Soit ils les conservent sur eux, soit ils
les mettent en lieu sûr.

Comme je quitte la chambre, j'aperçois un gus
qui sort de la piaule contiguë. Un zouave au visage
« mangé de poils », comme disent d'aucuns de
mes (rudement) confrères. Mangé de poils ! T'às
dû remarquer, souvent ; ça fait le pendant avec
« les jambes gainées de soie » pour les dames. Le
gus, a priori, tu le prendrais pour un rabbin. Ses
cheveux et sa barbe ne font qu'une même boule,
avec, dans le milieu, une ouverture pour le nez et
les yeux ; la bouche, on ne la voit pas, surmontée
qu'elle est d'une moustache de phoque. L'homme
porte un blazer bleu, un pantalon gris et une
casquette marinière ornée d'une ancre coralline,
comme écrit Mac Orlan.

Etrange silhouette. Cet homme, je te parie la
place de la Concorde contre une place au Père-
Lachaise que je l'ai connu. En tout cas, sa frite
« mangée de poils » me dit quelque chose. Peut-
être était-il glabre la dernière fois que je l'ai vu ?
J'ai l'impression qu'il portait de grosses lunettes à
monture noire. Moi, je fonctionne par flashes.
Cette frite hirsute, illico je la conçois imberbe et à
besicles. Curieux, n'est-ce pas ?

Je l'entends qui jacte avec une dame, dans le
hall-burlingue. Une vieille, la taulière sans doute,
que je ne puis apercevoir. Il parle anglais, avec un
léger accent levantin, voire espagnol.

Moi, ni une ni douze ! La témérité faite homme !
Avec une détermination qui te sécherait les couil-
les, Gribouille, je réactive mon sésame pour
pénétrer dans la piaule du poilu. Faut être carré-
ment jobastre et inconscient pour oser un tel acte,

alors que le type est à deux pas et qu'il peut revenir sur l'heure.

C'est incoercible, chez moi ! Un élan plus fort que la raison.

Je me sens calme, froid comme un nez de chien bien portant ou comme la main d'un serpent. Implacable ! Farouche ! Déterminé ! (Tu peux poursuivre la liste des quasi-synonymes, ça te fera travailler ton vocabulaire.)

Tu veux que je te dise ? Je me couche le long du lit et repte dessous, comme naguère. Une idée plus ou moins fixe.

Et bravo, San-Antonio ! Là comme chez le tueur à la canne, le sommier est truqué : il comporte un trappon guère détectable, sauf à avoir le nez à douze centimètres de lui, qui coulisse et découvre une planque. A l'intérieur de ladite, j'avise des petites briques enveloppées dans un papier fort. Je touche prudemment, bien que mon siège-baquet soit déjà fait : du plastic ! Et pas qu'un peu. Avec ce que contient la niche, tu réduis Beaubourg en résidus de campement scout.

Ça me suffit au bonheur. Je me rembarque avec célérité, abeille alourdie de pollen !

Ça jacte toujours dans le hall, en bas. J'ai pas la moindre envie de me casser le pif sur mémère et son client de la chambre « Coventry ». J'essaie de mémoriser la façade du *Windsor Lodge* telle qu'elle m'est apparue tout à l'heure quand Violette m'y a conduit. Je suis convaincu qu'il existe une seconde issue « fournisseurs-service ». Le cerveau de San-Antonio est une mécanique de haute précision, sache-le. (Quand tu veux impressionner tes cons tant porains, parle toujours de toi à la troisième personne, kif De Gaulle ou Alain

Delon. Les gens se disent que si ces grands hommes parlent d'eux en disant « il » au lieu de « je », c'est qu'ils ont obtenu en très haut lieu la permission de le faire, et qu'il faut leur lécher les pieds, l'oignon, le dessous des couilles et se masturber devant leur photo.)

Une réflexion intense me pousse vers l'escalier de secours, puis la sortie du même nom.

Et devine qui je rencontre dans le couloir y conduisant ? Oui, mon cher : Violette ! Une Violette folle d'angoisse qui, en m'avisant, réprime un cri imprudent et se jette sur moi avec frénésie.

Je la galoche furieusement, malgré l'impropicité de l'endroit.

N'ensuite nous quittons cette étrange pension d'une étrange famille !

MARIVAUDAGE

Curieux, mais on ne se parle pas avant d'être de retour à notre hôtel. On est là, avec du chaud intense au cœur, sans même se regarder. Dans le taxi, pas une broque, juste j'ai virgulé notre adresse d'un ton fêlé.

A l'hôtel, au moment où le concierge me refile notre clé, il me remet un message. Je le décachette d'un coup de pouce.

Ça émane du chef de la Police.

A Commissaire San-Antonio
Sommes navrés de vous apprendre que nos premières recherches concernant ce que vous savez n'ont pas abouti. Continuons de suivre cette affaire de très près !
Respectueusement.

Mustafa Kémal Foutu

M'est avis que nos collègues d'ici sont des incompétents. Ou alors, ce qui est plus grave : qu'ils se foutent de nos gueules.

Heureusement, Violette est plus fortiche qu'eux !

Une fois dans la chambre, on ne se dit toujours

rien. C'est voluptueux, un tel silence. Il résulte de l'émotion qui nous a saisis dans la sortie de secours du *Windsor Lodge*. Comme cet élan a été révélateur ! Elle a couru à moi, moi z'à elle ! Farouche étreinte, baiser strident. Fourches caudales ! Une volée de bonheur volé : tchaoum ! pleine poire. C'est bon comme là-haut, dis ! Plus savoureux qu'une tranche de melon dans laquelle tu mords.

— J'ai bien cru que vous vous étiez fait prendre ! déclare-t-elle enfin.

— J'ai bien failli me faire prendre, lui confirmé-je. Et vous, héroïque, de venir à mon secours ! Vous êtes la Jeanne Hachette de la Police française, désormais !

— Vous avez eu confirmation, pour le tueur ?

— Au-delà de toute espérance, ma chérie.

Et je lui relate ma brève équipée en détail : le tandem de criminels pédoques, la canne dans la penderie, l'équipement permettant à l'un des deux de se travestir en gros vieillard boiteux, alors qu'il est jeune (je n'ai vu que ses pieds mais ce ne sont pas des paturons de vieux kroum !). Je poursuis par ma découverte de la cache dans le sommier, cache figurant, je gage, dans toutes les chambres puisqu'il y en a une deuxième dans celle qui est contiguë au nid d'amour des deux trucideurs.

Je poursuis mon rapport par la rencontre avec l'homme au visage « mangé de barbe », qu'il m'a semblé reconnaître, sans parvenir toutefois à mettre un nom sur cet O' Cédar vivant.

— Je crains que nos bonshommes soient sur leurs gardes, ajouté-je.

— Vous craignez d'avoir laissé des indices ?

— J'espère que non, mais la vieille tenancière

leur aura parlé de votre visite à vous ! L'argument
du pasteur infidèle qui vit une aventure avec un
gigolpince serre la vérité de près, mais les flanque
en état d'alerte. Pour peu que la servante qui m'a
indiqué leur chambre ajoute son grain de sel, le
couple va prendre ses cliques et ses claques.

Elle médite.

— Que pensez-vous de cette pension de
famille, commissaire ?

— La même chose que vous, je suppose. Sa
façade respectable abrite un nid de forbans. Une
idée folle me tarabistoune le cerveau : et s'il
s'agissait d'une sorte de repaire européen réservé
aux malfaiteurs de haut niveau ? La Turquie
occupe une place particulière : ce n'est plus tout à
fait l'Europe et pas encore vraiment l'Asie. On se
la représente comme une espèce de no man's land
touristique où il ne se passe rien. On y trucide
l'Arménien dans les moments de fièvre, on y hait
le Grec par plaisir, sinon on vend aux agences
internationales : le Bosphore, la Corne d'Or,
Topkapi, Sainte-Sophie et bien d'autres merveil-
les, en permettant aux touristes d'acheter dans les
bazars de somptueuses émeraudes garanties
authentiques mais qu'il ne faut surtout pas net-
toyer à l'eau de Javel ! Imaginez qu'une élite de
truands aient créé cette maison pour diplomates
britanniques et la fassent gérer par une aimable
vieille *Lady* enfanfreluchée et jacassante, quelle
formidable planque elle constituerait ! Des meur-
triers, ou des escrocs de top niveau, leurs coups
accomplis ont besoin de se faire oublier. Ils filent
directo à Istanbul, modifient quand c'est néces-
saire leur apparence et vont s'installer, pour un
laps de temps à déterminer, chez la mère Machin-

chouette où ils coulent des jours douillets, à l'abri de toutes les tracasseries policières.

— Fantastique ! approuve Violette. Vous avez mis le doigt sur une sacrée affaire !

— Pas moi, mon âme : vous !

Je tapote le message laissé par les policiers.

— Et qui nous dit que les poulardins d'ici ne sont pas, sinon de mèche, du moins volontairement aveugles, sourds et muets ? Comme ça, sur un plan général ? Ils protègent, par leur inactivité farouche, les gens étranges venus d'ailleurs. Supposez, ma petite merveille si excitante (là, ses yeux étincellent) que, de même qu'ils ont fondé une pension de famille « à eux », ils aient, nos gredins internationaux, constitué un fond d'aide à la police turque ? Juste pour avoir la paix. Car ils ne sont pas ici pour « agir », mais au contraire pour se « reposer ». Il fait beau, la vie y est agréable, et les grands organismes répressifs ne pensent pas à ce pays comme pouvant devenir un lieu de retraite pour le grand banditisme. D'autres endroits, tels que la Costa del Sol, en Andalousie, sont réputés pour servir de lieux de vacances aux malfrats (anglais principalement). N'a-t-on pas baptisé la côte espagnole, entre Malaga et Gibraltar, la « Costa del crime » ? Mais les rives du Bosphore, non. C'est neuf, ça vient de sortir.

Elle ne se tient plus, Violette.

— Bravo ! Voilà qui est pensé en maître ! Vous avez raison, commissaire ! Il faut écraser cette fourmilière !

— Vite dit, ma jolie ! Un couple sans arme contre un immeuble d'assassins professionnels protégés par la police, ça ne s'appelle même pas « une lutte inégale », mais une « pure folie » !

— Alertons Interpol ?

— Qui fera quoi ? Des enquêtes officielles ! Des demandes de ceci-cela ! Tout le bataclan administratif qui ne servira qu'à mettre en fuite les pensionnaires de lady Machinchouette !

— Alors ?

— Alors je nage !

— Il faut agir, cependant ! s'écrie ma bouillante auxiliaire.

Je décroche le téléphone pour appeler Mathias. Chose singulière, c'est à son domicile que je le déniche, au milieu de sa horde. Ça gueule plein tube dans l'apparte du Rouquemoute. On perçoit des cris, des bris, des claques.

Je me fais connaître. Il bredouille :

— Oh ! c'est vvvvous, commissaire, ttu es gentil de m'appeler ! Je te vous entends mal parce que nous avons un petit différend familial qui dégénère un peu...

Puis, dans un souffle, à toute allure :

— Ça vous ennuie de calmer ma panthère ? Vous savez comme elle est folle de vous...

Pauvre cher garçon en perpétuelle tragédie ! Oh ! la vie chieuse des modestes happés par une mante religieuse, à l'aube de leur vie d'homme, et qui ne cessent d'être saucissonnés dans les atroces sécrétions d'une aranéide cruelle !

— Passe-la-moi, Mathias.

J'ai évité de justesse le « Rouillé » qui me venait aux lèvres par routine.

Un instant. La voix acide de l'ogresse :

— Qu'est-ce que c'est ?

— Ici San-Antonio, ma mignonne.

Oh ! l'effet ! Ce redoux instantané ! La mégère apprivoisée, à la seconde !

— Oh ! mon Dieu, elle clafouille.

— Mon amour, susurré-je, comme j'avais affaire avec ton grand vilain-tout-rouge, je n'ai pu résister à l'envie de te parler, de te dire ma passion brûlante, ô ma rose d'été aux pétales radieux. Je ne suis plus qu'ivresse en entendant ta voix cristalline. Toutes mes muqueuses sont sur le pied de guerre quand je pense à ta délicate chatte infrisée, dont le timide châtain évoque, je le sens, la noble filasse chère aux plombiers, qu'ils soient zingueurs ou non.

« Ah ! ma noble muse aux bas délicatement tortillés autour de ses jambes grêles, comme il doit être exquis de grignoter ton clitoris suavement turgescé par le frottement de ton affolante culotte en jersey de coton, marque Petit Bateau. Comme j'aimerais lui chuchoter des folies à bout portant, au petit bougre ! Et comme je tournerais volontiers sept fois ma langue dans ta bouche d'ombre avant de lui confier un fier pénis d'une longueur de vingt-quatre centimètres hors tout : mesures prises du garrot aux antérieurs et d'un diamètre d'environ cinq centimètres dans ses jours de liesse.

« La vie est interminable sans toi, fille de feu qui ridiculise les plus belles ! Ton corps sert d'oreiller à mes nuits blanches, empêchant ainsi le sommeil de m'investir. Je te devine lourde d'odeurs étranges, telles qu'aucun « nez » réputé n'en saurait concevoir. Cela évoque le marigot stagnant au clair de lune, la romantique venelle parisienne en période de grève de la voirie, la campagne automnale au moment de l'épandage fertilisateur.

« J'érecte en te parlant, nymphe de mes convoitises, et ce bruit sourd que tu perçois résulte de

mon sexe fou qui se cogne au pied de la table.
Attends-moi, je t'en conjure, femme de Barbe-
Bleue ; attends les amours, les délices et les orgues
que je te concocte dans les torpeurs sexuelles où je
me complais (veston). Exerce tes sphincters à
l'accueil inévitable de mon membre en délire,
chère chérie, car seule une sodomie d'enfer pourra
être l'apothéose de nos retrouvailles. Epluche
bien les carottes qui serviront à tes premiers
exercices, et dis à ton triste sire d'époux de te
ramener un bâton d'agent de la Grande Maison,
pour exécuter les suivants.

« Et maintenant, va, mon aimée ! Marche la
tête haute vers la ménopause qui te délivrera enfin
de cette surproduction de lapine à laquelle t'a
contrainte un conjoint à la queue fiévreuse. Je
t'enveloppe d'ondes qui, pour être résiduelles,
n'en sont pas moins chargées de lubricité. »

Une qui se tord de rire, à deux pas, c'est la
môme Violette. Elle enfouit sa figure dans un
oreiller pour feutrer sa rifouille.

A l'autre bout du fil, il y a un silence. Puis la
voix intemporelle de Mme Mathias, pâle, lan-
guide... Liquide !

— Antoine... Oh ! Oh ! Oh ! Antoine... C'est
un poème... Un chant d'amour... De la musique
céleste... Je... je ne peux tout vous dire à cause
des enfants qui m'écoutent... Mais je mouille ! Et
je... je ne vais pas pouvoir rester comme ça !

— En ce cas, ma Folie, saisis Mathias par la
queue et entraîne-le jusqu'à votre chambre matri-
moniale. Là, oublie son visage ingrat et pare-le du
mien car, dans ton état d'exaltation, l'imagination
est la plus sûre des alliées. Il mettra en chantier le
vingtième, mais à ma santé, comprends-tu, ma

Fleurette séchée ? Tu appelleras ton époux Antoine pendant l'étreinte, et Antoine encore le beau petit garçon qui en consécutera. J'en serai le parrain et, par testament, je lui léguerai cet appareil pneumatique capable d'enfoncer des clous dans le béton que j'ai acheté au B.H.V. et dont je n'ai jamais été foutu de me servir, en espérant qu'il sera moins con que moi. Cette fois, repasse-moi le triste géniteur de ta tribu. Je te le rendrai dans quelques minutes, après lui avoir insufflé quinze pour cent de ma sensualité, ce qui est énorme pour un homme ordinaire.

Temps mort. Je perçois des cris derechef, ça chougne, glapit, proteste. Et puis, dans un silence tranchant parcouru d'étranges haletances, l'organe du Rouillé.

— Ça, alors, breloque-t-il.

— Ça quoi, mon Mathias tant aimé ?

— C'est magique ! Que lui avez-vous-tu-t-il dit ? Elle est comme en état second. Elle vient de virer tous les petits de la pièce et... et...

— Et quoi donc, mon Bébé Rose ?

— Oh ! mon Dieu ! Mais vous, tu sais quoi ? Elle me suce, commissaire ! Elle me suce ! Pour la première fois depuis que nous sommes mariés !

— En ce cas, faisons vite ! tranché-je, étant homme d'expérience. Prête-moi bien l'oreille avant de perdre ou de prendre pied, je t'en conjure.

Et je lui résume avec une clarté qui réduirait au chômage les inestimables frères Lissac (lesquels sont beaucoup plus connus et utiles que « les frères Karamazov »), je lui résume, reprends-je, les excellents chapitres précédents, que tu peux toujours en chercher de pareils chez mes confrères : tiens, *smoke!*

Il balbutie :

— Un nid de criminels internationaux !

— Textuel ! Alors voici ce que tu vas faire, Mathias chéri. Dès que tu auras fourré ta ménagère (à ce propos, n'oublie pas de lui filer un doigt dans l'oigne en la tirant, faut que ça soit un coït de gala puisqu'il est placé sous mon haut patronage), demande audience au Vieux, coûte que coûte, et expose-lui le topo. Compris ?

— Vuiii, râle le Rouquinos que sa vieillasse est en train d'éponger en grande première buccale.

Faut que je me presse, sinon il va partir à dame, cet enfoiré !

— Une seconde, Rouillé ! Retiens-toi, tu ne vas pas éternuer à l'enrhumé en laissant quimper ta rombière. Elle t'arracherait les yeux, les dents, les couilles et ton ruban des palmes académiques ! Sois un homme, bordel !

Ça le ranime. Il raffermit de la volonté.

— Oui, oui, commissaire, sois tranquille, je ferai face !

— Face et fesse ! Recto verso, grand, toujours ! Toute médaille a un revers, ne l'oublie jamais, sinon d'autres y penseront pour toi. Donc, tu vas aller raconter tout cela au Dirlo. Il devrait consulter ses homologues européens : les Allemands, les Italiens, les Belges, les Suisses et même les Anglais pour les aviser. Qu'il leur dise bien qu'on ne pourra pas compter sur les confrères turcs, sinon ça foutrait tout en l'air. Tu as compris ?

— Fuiiii, arachnéenne-t-il, la glotte dans les chaussettes.

— Note mon adresse d'ici !

— At... at... attendez... Je papier cherche... aussi crayon...

Il prend mes coordonnées presque en même temps que son *foot*.

PÉRIPÉTIES AMOUREUSES

— Je voudrais t'ouvrir comme un livre d'heures richement enluminé et, pareil à un myope pieux, plonger mon nez entre tes pages !

Telle est ma phrase d'attaque.

Elle pouffe tandis que je piaffe du paf.

— Vous croyez vous adresser encore à Mme Mathias ? fait Violette.

Nous rions de conserve (ce qui vaut mieux que de s'en nourrir, si je puis oser ce calembour alambiqué).

Et, brusquement, nous cessons d'hilarer pour se jeter l'un *contre* l'autre d'abord, puis l'un *sur* l'autre ensuite, avec la fougue retrouvée de la pension *Windsor Lodge*.

Etreinte de qualité, entre pros animés des meilleures intentions. Passons. Je ne peux sempiternellement te narrer mes coïts flamboyants, que tu finirais par me classer exhibitionniste au petit pied, mesquin comme je te connais ! Sache simplement, pour ta gouverne (voire pour ta gouvernante si tu la tronches), qu'on agit dans le classique. On baise Pléiade. Sans coup de semonce ni papouilleries pour bandeurs mous.

Nous sommes en pleine ardence, et foin des

préliminaires recherchés. La force de nos désirs
nous transporte. Pour débuter, une minette de
reconnaissance, mais à gros traits, juste histoire de
reconnaître le parcours et conditionner le forage.
Violette s'inscrit illico pour la décarrade somp-
tueuse en râlant de bonheur, manière de se faire la
voix (les plaintes, dans ces cas précis, sont les
vocalises de l'amour).

Elle en émet une petite série à tirage limité non
numéroté, puis se lance carrément dans l'exhorta-
tion sauvage, de celle qui te flagelle le sensoriel et
dont tu me permettras d'occulter le bas vocabu-
laire charretier, du genre « fourre-moi à fond,
salaud ! » « défonce-moi le pot » (j'en passe et de
moins élégantes).

Très vite, elle me refoule pour se placer à
genoux, mains à plat, dans la posture bébête qui
constitue, crois-je-t-il, une manière de summum
dans l'acte de chair (à appâter). Et alors là, c'est le
déferlement ! N'insiste pas, je ne te raconterai pas
cette charge héroïque, cette fantasia éperdue,
cette chevauchée cosaque dans la toundra ennei-
gée. Toujours est-il que c'est une superbe manifes-
tation de l'instinct de reproduction. Bien qu'étant
bas et neuf, le lit craque, la verrerie tintinnabule,
le fond de l'air effraie. Assez dantesque sur les
bords. Wagnérien ? Ça, sans aucun doute ! *Le
vaisseau fantôme* qui prendrait l'eau !

Pointée à mort, « l'élève » d'Achille rameute à
tous les échos, appelant indistinctement : sa
maman, sa vieille grand-mère, son parrain qui est
maréchal des logis, le président Mitterrand et
Jacques Attali, son précieux gardien de but, le
docteur Gaitautroux, son gynéco, la musique de
l'hagarde républicaine, M. Haroun Tazieff de

l'Académie française (hein ? il est pas de l'Académie ? ben il devrait !), l'adorable Jean d'Ormesson (qui lui en est, par contre), Bérurier, le comte de Paris, Fidel Castro et moi ! Oui : moi, tu as bien lu. Elle m'appelle alors que je suis là ; mieux que présent : *in !* Ça ne rigole pas, le cul, mon vieux ! Ça déménage et ça t'embarque.

Superbe prestation dont je ne saurais te préciser la durée ayant omis de déclencher mon chrono. On arrive ensemble, gavés, comblés, exténués, radieux.

On chancelle mollement, puis on glisse sur le côté sans se désenchevêtrer, notre enfilade monstre continuant de courir sur son erre (d'en avoir deux !). Quelques ultimes aller-retour mouratoires. On spasme en camarades, essoufflés mais victorieux. Somnolence d'après baise. La meilleure ! On croit rêver. On rêve ! Merci, Seigneur.

Mais j'ai mal à la tête. Me serais-je fait sauter un vaisseau menu dans la caberle en suractivant de la baratte bretonne ? C'est toujours ma crainte : craquer un plomb ! Pour, ensuite, me retrouver chanstiqué en long ou en large dans une mignonne voiturette chromée. Même équipée d'un moteur et d'un cerveau machinchose te permettant de la piloter avec ta bite ou le bout de ton pif, c'est pas extra comme mode de locomotion.

Bon, je m'éveille, vraiment mal à l'aise. Je vais pour éclairer ma lanterne de chevet, mais un bruissement ténu stoppe mon geste. A cul de loup, je me mets sur mon séant. Un rai de lumière filtre sous la porte. Il est coupé d'un trait sombre qui remue kif la queue d'un reptile. Je me lève et m'avance vers « la chose ».

Vite je pige. Il s'agit en réalité d'une extrémité

de tuyau de laquelle (si on se réfère à l'extrémité) ou duquel (si on prend le tuyau en considération), s'échappe un gaz. Non mais, ils sont marrants dans ce bled ! Voilà qu'on nous asphyxie pendant notre sommeil. Moi, de deux choses l'autre : ou bien je délourde pour m'élancer sur le gazier gazeur, ou bien je reste peinard et me défends contre l'émanation avec les moyens du bord. Je me résous à la deuxième propose. Pour déponner, il faudrait que je tire le verrou et actionne la clé, gestes ne pouvant passer inaperçus du gars qui, de l'autre côté de l'huis, manœuvre la bouteille de gaz.

Alors tu sais quoi ? Je fonce sans bruit à la salle de bains qui, Dieu *thank you,* se trouve juste à l'entrée de la chambre. J'arrache le tuyau de la douche, reviens au tube, qu'avec des gestes quasiment chinois j'enquille dans le flexible de la douche. N'après quoi, je dérive l'extrémité de ce dernier dans la salle de bains dont je débonde la fenêtre et ferme la porte. Une couverture roulée et plaquée contre celle-ci achève de nous protéger des infiltrations possibles. Bien que notre chambre soit pourvue de l'air conditionné, je me hâte d'ouvrir en grand les deux baies vitrées.

Assise sur le lit, Violette me regarde agir sans proférer un son. Elle a tout pigé et me laisse l'initiative. Je me suis saisi d'une statue en faux albâtre et j'attends derrière la porte, prêt à interviendre. Pour moi, l'affaire est claire. Après le départ de Violette du *Windsor Lodge,* la vieille rombiasse qui le gère a donné l'alerte, comme je le craignais, et ses beaux messieurs ont revalu à Violette sa politesse en la recherchant dans les hôtels d'Istanbul, comme elle-même a recherché le faux ecclésiastique.

S'agit-il d'une anesthésie ou d'une exécution ? Je l'apprendrai bientôt. Si on a seulement voulu nous endormir, nos ennemis pénétreront dans la pièce après son gazage. Si au contraire on a décidé de nous carboniser, ils plieront bagage et fileront sans ton bourrin ni ton poète (comme dit Alexandre-Benoît Bérurier).

Attente.

Nous nous sommes habitués à la pénombre, Violette et moi. Maintenant nos regards s'entre-captent. Le sien est tranquille, pas le moins du monde apeuré.

De temps passe. J'ai posé le pied sur le flexible de la douche, sans appuyer, me promettant de le faire au moment où nos enfumeurs retireront leur embout.

Un frémissement du bout de tuyau. Je maintiens le flexible plaqué au sol. On retire l'embout. J'ai tous mes muscles bandés (sauf un, parce que j'ai déjà donné). Le rai lumineux se remet à souligner la porte sans autre perturbation. Et maintenant ?

Je perçois un léger flottement dans le couloir et le silence revient, intégral. On se tait encore un moment. Mais non : c'est fini.

— Il s'agissait d'un assassinat, murmuré-je.

— Qu'est-ce qui vous a alerté ? demande Violette.

Je tapote mon pif.

— Ce machin-là. S'il ne fonctionne pas, on meurt jeune dans ce boulot, chérie.

Elle soupire :

— En ce qui me concerne, il sera toujours en panne après qu'on m'ait fait l'amour comme vous venez de me le faire. C'était inouï !

— Merci.

La v'là qui rembrunit.

— Maintenant, nous sommes brûlés, n'est-ce pas ?

Je gamberge à sa question avec d'autant plus d'acuité que j'étais juste en train de me la poser.

— Il y a peut-être encore un brouillon d'espoir.

Je m'asseois près du téléphone et recompose le numéro de Mathias. Ça fait long à répondre. Et puis j'ai la voix de sa femme :

— Ici Angélique Mathias.

Les cent dix points d'interrogation qui succèdent sont toujours d'elle.

— C'est encore moi, ma tourterelle, susurré-je.

— Ah oui ? elle rétorque d'un ton neutre.

Je me dis qu'elle n'a pas réalisé son bonheur.

— Moi, San-Antonio ! précisé-je.

— Ben oui, j'avais reconnu, et alors ? C'est une raison pour réveiller les gens au milieu de la nuit ? Il y a vraiment des individus qui se croient tout permis !

La foudre me « petafine », comme on dit dans mes contrées natales.

Ma psychologie forcenée me permet de comprendre ce qui s'est passé. Ayant conditionné madame par mon discours salace, elle s'est fait étreindre par son époux que j'avais conseillé hardiment. Il en a résulté un coït de force 5 sur l'échelle du bon Richter, lequel coït m'a balayé de ses fantasmes comme le vent d'automne balaie la feuille d'impôt du contribuable anarchiste. Et maintenant, pauvre Cyrano sans récompense, je dois subir les sales houspillances de cette Roxane-virago à matrice féconde.

— Dis donc, la pintade, je ricane, on dirait que ton tyran de sommier s'est surpassé !

— Je vous en prie, espèce de goujat ! Et d'abord cessez de me tutoyer, nous n'avons pas gardé les vaches ensemble.

— Soit, bats-je en retraite. Mais lorsque cette paix des sens qui vous rend si distante sera dissipée, pensez, madame, que je porte devant moi un pénis en ordre de marche de vingt-quatre centimètres et que la dernière ayant droit que je viens d'honorer rameutait tout un palace turc et réclamait l'assistance de ses aïeux, celle de l'abbé Pierre, celle du grand cinéaste Jean-Pierre Mocky (qui a pourtant ses propres chattes à fouetter), celle du charmant prince Rainier, celle de l'excellent Patrick Poivre d'Arvor (qui sera de l'Académie française un jour), et celle, non moins négligeable, de M. le chandelier Helmut Köhl (qui, s'il réunifie l'Allemagne, ne saurait néanmoins baiser sans l'assistance d'un rétroviseur et d'une pince à cornichons). Cela dit, et en attendant l'inévitable retour de votre passion pour moi, passez-moi votre champion, si toutefois il peut encore marcher jusqu'à cet appareil !

Tu le vois : je me sens loquace avec Angélique Mathias.

Vitupérante, elle va quérir l'Anéanti, éveillant pour cela une partie de leur portée.

Mathias se pointe en se grattant les fesses, ce qui produit très exactement le bruit que fait un nonagénaire en grignotant des biscuits secs.

— Pardon de saccager ta nuit, après ta soirée, fais-je.

— Pas de mal, com... Sana !

— C'était bien, l'embroquée de gala de ta cantinière ?

— Inoubliable.

— Tu as mis le vingtième en route ?

— Ne m'en parle pas ! Comme elle se trouve en pleine ovulation, j'ai chaussé un préservatif !

— Tu deviens raisonnable.

— Attendez, comme j'étais surexcité j'ai enduit ce dernier de vaseline.

— Etait-ce bien nécessaire, après que je lui eusse parlé ?

— Peut-être pas, mais c'était en tout cas une folie, car le caoutchouc se désintègre au contact d'un corps gras. Pas fort pour un chimiste, hein ?

— Elle le sait ?

— Elle s'en apercevra bien assez tôt !

— Tu as eu le Vieux ?

— Non sans mal et au téléphone seulement car il n'a jamais voulu me recevoir. Je lui ai tout raconté, scrupuleusement. Il semblait assez dubitatif et m'a brièvement dit qu'il aviserait !

J'enrage :

— Ça veut dire quoi « aviser » dans un cas pareil ? Il devait se faire congratuler le nougat, ce vieux salingue ! Tu vas le rappeler, car la situation a évolué.

— Oh ! Seigneur ! Vous ne pouvez le faire vous-même du moment que vous pouvez m'appeler, moi ?

— Je sais ce que je fais, Tendeur. Si je lui parle directement, il va me casser les bonbons avec des considérations pusillanimes et se croiser les bras ; passant par ton canal, ma requête prend aussitôt un aspect officiel, tu piges ? Quelqu'un d'impor-

tant SAIT, alors il ne peut mettre ce dossier sous
son vieux cul déplumé !

— Je comprends, Antoine.

— Merci, Xavier.

Il est ému :

— Com... comment, vous... tu sais mon
prénom ?

— Je sais tout des gens que j'aime, mon Lou-
lou. Ton premier prénom, c'est Raymond, mais ta
brancardière a préféré utiliser le second qu'elle
juge plus aristocratique.

— Mon Dieu ! Mon Dieu ! Tu es aussi au
courant de cela !

— De cela et du reste. Bon, je t'ai annoncé du
nouveau. Ça corrobore mon diagnostic concer-
nant *Windsor Lodge* repaire de crapules
fameuses ! On vient de se livrer sur nous à une
tentative d'assassinat.

Je lui narre.

— Donc c'est fichu, conclut Mathias. Vous
allez devoir vous rapatrier d'urgence, sinon...

— Pas le genre de la maison, je sors mon joker
avant de quitter le jeu ; seulement, il faut que ce
vieux grelot s'agite. Va l'arracher des bras putas-
siers entre lesquels il ronfle, par n'importe quel
moyen, et demande-lui de faire ce que je vais te
dire... Ajoute que s'il n'intervient pas sur-le-
champ, je le contraindrai à démissionner par des
révélations fracassantes aux médias. Les médias,
c'est son urticaire chronique, au Vioque ! Sa
prostate, son col du fémur.

— Bon, je m'attelle à cette tâche..., Antoine !

C'est parti ! Il ose « Antoine ».

IL EN EST.

ENFIN !
Bienvenue au club, Xavier !

On remet le couvert, à la santé de la vie préservée, si tu me permets cette tournure de phrase peu usitée dans le commerce.

Cette fois, c'est plus la furia bramée, mais la fourrette langoureuse, juste ponctuée de soupirs, avec, çà et là, une légère exclamation de politesse.

Et alors, tout net, j'ai la révélation !

T'as des gus, c'est quand ils sont aux chiottes qu'ils pensent efficacement, d'autres c'est quand ils sont seuls en voiture. Moi, dans certains cas, c'est pendant que je brosse une gerce. Attention, va pas conclure que je la néglige. Mais quand on en est à la seringuée voluptas, sans lancer d'escadron, des idées « intenses » me percutent le bulbe. A la première ramonée, j'eusse été incapable de réfléchir, mais là, dans le climat suave, très Valpurgis malgré les ultimes remugles du gaz assassin, mon cervelet fait de la chaise longue, ce qui revient à dire qu'il puise dans le subconscient, *do you see ?*

Écoute, ça m'arrive à un tournant de verge. Je la pratique faiblo dans la trappe de secours, tout en lui clignotant l'entrée des gladiateurs d'une main et le cabochon droit de l'autre. Et poum ! fulgurante, l'image ! Celle du voisin de chambre de Tommaso et de son pote à la pension « Tuflingues » L'homme au visage « mangé de barbe ».

— Putain ! m'écrié-je.

— Oui, oui, continue, j'aime qu'on m'insulte quand on me fourre le petit ! exulte Violette dont la récente bonne éducation vient de disjoncter.

Je n'ai pas le cœur de la détromper car je pratique la charité chrétienne dans les moments les plus excessifs de l'existence, et le Seigneur qui me sait bien est déjà en train de me le pardonner, alors tu vois !

Par conscience forniqueuse, j'accompagne ce « putain », simple marque de jubilation mentale, de quelques « Salope ! Morue ! Emmanchée ! Sac-à-pines ! » qui la stimulent de l'escarguinche mieux que ne le ferait un poème d'Alfred de Musset.

Mais moi, accouilleur-rabattant de charme, tout en prodiguant à ma partenaire (de profession autant que d'orgasme) des délices sans ambiguïté, je me répète le nom du mec entrevu dans le couloir du *Windsor Lodge* :

Carlos !

TAPIS

Et alors, ça s'opère in extenso, tel que je te le vais raconter, sans y changer un poil de cul de virgule.

Sur les couilles de cinq plombes *(of the morning)* mon biniou carillonne. J'ai le bon réflexe et ne décroche point. Quelques minutes s'écoulent au cadran de ma dégoulinante et on toque à la porte. Pareillement, je reste coi, non sans avoir envoyé le duce à ma compagne. Nous prenons alors des postures très abandonnées sur le lit : elle en travers, moi les bras pendant hors du lit.

Une carouble s'affole dans la serrure. La porte s'ouvre. Des gens entrent : un employé de nuit du *Thagada Veutu* palace, un policier turc en uniforme, deux infirmiers portant un brancard. Je les distingue à travers mes longs cils charmeurs dont les battements savants viennent à bout des clitos les plus récalcitrants.

Le policier se penche sur nous. Il nous palpe et baragouine quelque chose. Alors les infirmiers développent leur brancard et, à tout seigneur tout honneur, le mâle restant prépondérant dans les sociétés musulmanes, me chargent en premier et me descendent dans une ambulance stationnée sous le péristyle de l'hôtel. N'après quoi, ils vont chercher ma compagne et me l'apportent sur le rail de fixation voisin. Et puis fouette cocher ! La décarrade s'opère.

Tiens, le flic est monté aussi dans le véhicule ce qui fait qu'ils sont trois, serrés dans la cabine avant.

— Le Vieux a bien usiné ! chuchoté-je. Je n'espérais pas que ça se passerait si vite et si bien !

— Il a de beaux restes, convient Violette.

A quoi fait-elle allusion ? Je me propose de lui poser la question térieurement.

L'ambulance droppe dans la nuit byzantine émaillée de lumières (toujours, dans les bons livres : « émaillé de lumières », c'est payant). Elle enquille bientôt l'Istiklâl Caddesi à toute vibure, sirène hurlante ; peu avant Taksim Meydani elle freine à mort (pour une ambulance, merci du peu), vire à gauche, et stoppe devant le consulat de France. On nous attend. Un diplomate jeune et mince, agréable, déjà saboulé en « représentant de l'amère patrie », accueille nos inerties. Il nous fait transporter dans une grande pièce qui doit servir à des conférences et où l'on a dressé deux lits de camp. Les brancardiers déposent nos « corps » sur chacun d'eux. Le jeune diplomate leur glisse une liasse de talbins (je perçois le froissement caractéristique des fafs). Les deux mecs se retirent. Ensuite, notre hôte prend le policier à part. Il y a palabre, en anglais. Puis froissement de vaisselle de fouille, à nouveau. Exit le poulet.

Alors le jeune diplotomate s'approche de nos plumards.

— Voilà, fait-il, vous êtes en sécurité.

Dès lors, nous nous dressons et je lui secoue le bras comme le levier d'une pompe à incendie de village quand une grange flambe.

— Remarquable, complimenté-je.

— Alex Pourçaugnac, se présente-t-il.

— Commissaire San Antonio ! Et voici ma collaboratrice, l'inspecteur Lagougne.

Violette, qui est nue, met sa main devant sa bouche pour bâiller.

Le diplomate (il l'est jusqu'au bout des ongles, voire du phallus) regarde ailleurs et, par discrétion, est tout prêt à appeler Violette « monsieur l'inspecteur ».

— J'ai longuement conversé avec le directeur de la Police parisienne, fait le consul. Heureusement que nous avons certains auxiliaires occultes à Istanbul : ils m'ont permis de monter cette opération en un temps record. Il fallait agir pendant la période nocturne de l'hôtel, de jour, ça n'aurait plus été possible. Mon faux policier est tombé sur un veilleur de nuit ahuri qui n'a pas compris grand-chose à ses déclarations, assure-t-il. Il a prétendu que des clients français ont lancé un appel au secours à la police pour signaler qu'ils se mouraient. Le préposé a téléphoné, puis a escorté le flic et les infirmiers jusqu'à votre chambre. Mon collaborateur a affirmé que vous étiez morts et a ordonné, devant le bonhomme, de conduire les corps au consulat de France. Je vais de ce pas passer un communiqué à la presse istanbuloise pour confirmer la chose. Vos cadavres de « ressortissants » vont séjourner quelque vingt-quatre heures ici avant d'être rapatriés en France. Version officielle : vous vous êtes suicidés ; drame de la passion amoureuse, si vous n'y voyez aucun inconvénient. Que je vous rassure : avant de quitter votre chambre, le « policier » a remis en place la couverture qui isolait la salle de bains, ainsi que le tuyau de la douche.

— Fabuleux, exulté-je. Vous êtes un diplomate plein d'avenir, monsieur de Pourçaugnac. Je vous consacrerai plusieurs pages dans mon rapport pour célébrer votre esprit d'initiative et votre efficacité.

Il me sourit, blasé.

— Oh ! vous savez, commissaire, quand on reçoit des ordres d'en haut, obéir ne constitue pas une action d'éclat. Je vais vous faire apporter des vêtements par ma secrétaire tandis que je téléphonerai.

— Cet homme est un parfait gentleman, déclare Violette, avec de la nostalge dans la voix.

Je te parie une passe d'armes contre une passe avec une pute qu'elle est prête à faire étinceler Pourçaugnac, la chérie ! Une femme dotée d'un appétit sexuel de ce calibre, c'est pas le guide des belles manières qui lui refroidit le réchaud ! En attendant qu'elle accorde à notre rescapeur la juste récompense de son dévouement, je me mets à tirer des plans sur la comète.

Situation ambiguë, voire contiguë. Nous avons (plus exactement, Violette a) retrouvé les meurtriers de Lord Kouettmoll en moins de vingt-quatre heures ; ce faisant, elle a hélas révélé notre présence. Si elle a mis la main sur Tommaso et son équipier, moi, par contre, j'ai découvert que ce couple d'homos habitait un drôle d'établissement servant de « maison de repos » aux plus illustres criminels de ce temps (parmi lesquels Carlos).

A présent, la question est de savoir si la « Pension Mimosa » pour assassins au repos est encore sur le qui-vive ou si notre double exécution a rassuré ses occupants.

Pour le savoir, je vais donc devoir faire surveiller *Windsor Lodge* étroitement. Oui, mais par qui ?

Violette respecte ma profonde méditation. Qui sait, peut-être ses pensées suivent-elles un cheminement parallèle ?

La secrétaire du consul arrive avec une brassée de vêtements féminins (l'état d'urgence vestimentaire frappant surtout ma « collaboratrice »). C'est une personne agréable, très simple, et qui se montre parfaite hôtesse. Je laisse « chiffonner » ces dames car le consul m'informe que « Paris me demande au téléphone ».

C'est Achille, en Dirlo des grands jours. Plus baderne le moindre. Net, précis, *the chief !*

— San Antonio, me dit-il, l'instant est grave.

Beau préambule, presque majestueux. Ça vous a un côté « mobilisation générale » ! *L'instant est grave !* Il poursuit :

— L'opération « Cousin frileux » fait un foin de tous les diables au Foreign Office. Ces sales cons nous accusent des pires forfaits et crient au scandale. Ça remue si fort que des têtes vont tomber, San Antonio ; et la mienne parmi celles-ci ! Le seul moyen de calmer cette effervescence, c'est de leur livrer l'assassin. Puisque vous prétendez l'avoir retrouvé, assurez-vous de sa personne et faites-leur-en cadeau ! Je viens de vous tirer de la merde, hein ? Alors tirez-m'en à votre tour, mon vieux !

Il est en rage, le Scalpé. Défend sa place à

l'arme blanche. Héroïque ! Je le vois debout dans son fauteuil directorial, un drapeau déchiqueté dans les mains ! Le côté farouche : touche pas à mon poste !

J'essaie de regimber :

— Mais, patron, nous sommes brûlés, Violette et moi. A preuve, ils nous ont « supprimés ». Comment voulez-vous que je...

Il gueule :

— JE VEUX ! point à la ligne. Comment ? Ça c'est votre job, commissaire. Moi, je me contente de vouloir et c'est à vous d'agir, de trouver les « comment ». Quant à votre soi-disant repaire de bandits, vous pensez bien que je ne suis pas allé sonner le tocsin chez nos voisins avec la couillerie qui m'arrive, nom de Dieu ! Si vous avez du temps de reste, enfumez-les, foutez le feu à leur baraque, empoisonnez-les à la mort-aux-rats si bon vous chante, moi je m'en fous !

« J'ai assez à voir chez moi, sans m'occuper d'assainir la planète, mon garçon ! Les gredins, c'est comme le psoriasis : ça se soigne, mais ça ne se guérit pas ! Qu'ils aient un refuge en Turquie, voire un établissement thermal pour soigner leurs rhumatismes, c'est le cadet de mes soucis ! Je veux les meurtriers de « Cousin frileux », un point c'est tout ! »

Il dérive doucement dans l'insupportable, Chilou ; me pèle les burnes, la prostate, la moelle pépinière dont parle Béru. M'agace, me lézarde le tempérament.

V'là que je perds mon contrôle et me mets à gueuler.

— Mais, putain d'Adèle ! m'écrié-je. (Pauvre chère Adèle qui fut ma cousine ! Défuntée voici longtemps en état de célibat. Elle qui réussissait de somptueuses confitures et fit cuire son chat par inadvertance dans le four de sa cuisinière pendant qu'elle se rendait à la messe ! Quel sacrilège commets-je en associant son prénom de respectable vierge à ce qualificatif de « putain » ! Ah ! comme l'emploi de certaines expressions toutes faites nous entraîne bassement dans l'injustice et la mécréance !) Je ne peux pas aller ramasser ces deux tueurs, les fourrer dans deux grandes valises et les ramener triomphalement à Paris ou à Londres, patron ! C'est déjà beau de les avoir « situés » !

Mon éclat le fait se figer comme de l'huile par grand froid.

— Très bien, commissaire, je vous envoie des renforts. Mais dites-vous bien que si ces deux individus ne sont pas aux mains des Britanniques avant quarante-huit heures, je saute !

Il répète, le souffle court :

— Je saute ! Ces fumiers d'Anglais ! Etre sacrifié à des gens comme eux ! Et on est allés leur creuser la moitié d'un tunnel, à ces salauds, au lieu d'entourer leur saloperie d'îlot d'une ceinture de mines ! Mais il faut le reboucher, ce terrier à rats ! Pauvre cher Hitler ! Que n'a-t-il réussi dans son entreprise d'invasion de la Grande-Bretagne ! Et Napoléon, dites ! Napoléon ! Conquérir tous ces territoires mais n'être pas venu à bout d'un bras de mer ridicule ! Il était con ou quoi, ce type ? Vous vous rendez compte que ces voyous réclament ma peau, purement et simplement, s'ils n'obtiennent pas satisfaction ?

« Je leur demandais quelque chose, moi ? J'étais sur ma dunette, à driver avec autorité mes services. Je venais de faire la connaissance d'une délicieuse petite journaliste en minijupe, avec des jambes admirables où brillent de délicats poils blonds comme l'or. Et hier soir : la foudre ! Le Quai d'Orsay ! l'Intérieur ! LE PRÉSIDENT ! Vous me recevez cinq sur cinq, San-Antonio ? Le président soi-même avec son ton neutre qui fait froid aux miches. « Mon bon ami, m'a-t-il déclaré, depuis les Malouines, nos chers voisins n'ont pas été aussi nerveux. Ils promettent d'exhiber de vilaines choses si vous ne leur obtenez pas satisfaction. D'ores et déjà, ils posent votre destitution comme a priori à tout ce qui découlerait d'un échec. »

« Dites, vous trouvez cela juste et sage ? Ils laissent buter leur cousin et c'est moi qui dois payer ! Il est vrai que l'Angleterre a tourné en limonade. Le fameux Scotland Yard, l'Intelligence Service sont devenus des clubs du troisième âge où l'on se raconte à voix basse de vieilles histoires d'émirs empoisonnés, de révolutions commanditées, de monarques destitués par des complots d'alcôve. Si l'I.S. existait toujours, vous croyez que des Kadhafi, des Hussein, des ayatollahs Pierre, Paul, Jacques resteraient si longtemps à la verticale ? Je ris ! Jaune ! Mais je ris ! »

Il a une sorte de hennissement qui est le bruit d'un sanglot avorté.

— Antoine, mon tout petit, mon disciple, mon chouchou, vous n'allez pas laisser destituer votre vieil Achille ! Vous n'allez pas permettre à cette racaille dorée britannique, à ces veaux en carrosse, de ruiner l'une des plus nobles carrières de la Police française ?

Vaguement ému par ses suppliques, je murmure :

— Je vais faire l'impossible, patron.

Alors il fulmine :

— L'impossible ! Et quoi encore ? Vous croyez que c'est suffisant, l'impossible, espèce de grand con avantageux ? Je suis là, dans des sables mouvants qui m'engloutissent et tout ce que Môssieur le commissaire Trou-du-Cul vient me promettre, c'est de faire l'impossible ! Ah ! non, mon vieux, pas avec moi. Je connais trop ça : l'impossible ! J'en ai vendu toute ma vie ! C'est pas l'impossible qu'il me faut, c'est le nécessaire ! Vous entendez bien ? C'est clair, net, admis, approuvé ? LE NÉ-CES-SAIRE !

Il raccroche, au bord de l'apoplexie.

Il est dur avec le subalterne, Chilou.

Lorsque je reviens dans notre « morgue », un délicat spectacle s'offre à mes yeux, comme j'aime à répéter. Aimable formule qui prépare bien la suite. Que voici.

Si tu as lu *Le bal des rombières,* œuvre prépondérante de ton serviteur smigard, dans laquelle nous faisons la connaissance de Violette, tu dois te souvenir que la donzelle aux sens survoltés y montrait (et y développait) des mœurs hétéro et homosexuelles très échevelées. Or, voilà que je la trouve en train de lutiner la secrétaire du consul de France, à la faveur d'essayages qui m'ont eu l'air de tourner court. Oh ! note qu'il s'agit en fait d'amusettes de pensionnaires. Violette joue a emprisonner le minois sérieux de l'employée consulaire entre ses seins plantureux, ce qui, tu le vois, ne tire pas beaucoup à conséquence. Après quoi, elle la fait asseoir à l'envers sur une chaise, les jambes repliées sur le dossier et lui déguste le Mont Saint-Michel entre les montants dudit, tout en ponctuant d'un médius garnement dans le petit borgne : frivolités vénielles qui ne tirent pas à conséquence. Elles plaisent beaucoup cependant à cette personne qui, coupée de Paris et plongée dans un milieu ottoman peu porté sur de telles réjouissances, trouve là, à cinq heures et quelques du matin, de menus plaisirs nationaux prodigués par une personne très attachée à cet aspect des valeurs traditionnelles.

Elle roucoule de bonheur.

Violette qui m'aperçoit à travers les jambes en « V » majuscule de sa nouvelle amie m'engage à me joindre aux festivités en proposant à la secrétaire un beau jouflu toujours heureux de se laisser revernir le dôme ; mais mes préoccupations professionnelles me poignent avec trop d'insistance, aussi leur laissé-je le soin d'organiser entre elles d'autres féeries variées.

Grâce au consul, on met sur pied, dans le courant de la matinée, une macabre mise en scène qui impressionnerait des êtres moins aguerris que Violette et moi-même.

Magine-toi que nous sommes allongés, roides et momifiés dans des cercueils flanqués de cierges, un chapelet autour des mains croisées, vivant notre futur trépas avec un maximum d'intensité.

L'Excellence a prévenu les autorités et Mustafa Kémal Foutu, qui nous a reçus la veille, vient en personne s'incliner devant nos dépouilles. Il ne souffle mot au consul de notre visite chez lui. Ce

dernier joue les innocents avec conviction. Bref :
une réussite.

Après son départ, lorsque nous « ressusci-
tons », de Pourçaugnac me dit, presque en jubi-
lant :

— Sans me vanter, j'ai bien vendu votre mort,
cher commissaire. Il faut dire que vous étiez
parfaits, votre collaboratrice et vous.

— Vous a-t-il posé des questions concernant
notre présence à Istanbul ?

— Très peu et comme j'ai fait l'ignorant pro-
fond...

— Vous avez entendu parler de la pension de
famille *Windsor Lodge,* monsieur le consul ?

— Absolument pas. Je devrais ?

— Pas nécessairement.

Un temps.

— J'attends une équipe que Paris me promet.
Pendant ce temps, j'aimerais pouvoir modifier
quelque peu mon aspect ; je suis pressé et j'ai une
mission délicate.

Il sourit.

— Je ne savais pas que nos policiers donnaient
dans l'Arsène Lupin !

— A l'occasion ; les vieilles recettes des feuille-
tons de jadis ont toujours leur charme.

— Vous souhaiteriez vous travestir en quoi ?
En Turc ?

— Je n'irais pas jusqu'à vous réclamer un
turban ou une chéchia ; par contre, si je pouvais
obtenir un bon fond de teint et des postiches
bruns...

— Cathy, ma secrétaire, va s'occuper de ça.
Elle est d'une efficacité rare.

— Je sais, ne puis-je m'empêcher de renchérir : j'ai vu.

— Et moi ? demande-t-elle.

— Vous attendez au consulat, ma douce Violette, car il ne s'agit pas d'aller faire des vagues autour de la pension *Windsor Lodge*. Par contre, essayez de vous renseigner discrètement, et surtout sans faire appel aux autorités turques, sur sa vieille tenancière.

— A vos ordres, commissaire.

J'ajoute :

— Je sais que vous avez un tempérament de feu, aussi vous conseillé-je de ne pas mettre à sac toutes les braguettes ni toutes les culottes se trouvant dans ce consulat.

Elle rougit ; puis, songeuse :

— Pensez-vous que je devrais me faire soigner, commissaire ?

— Ce serait dommage, réponds-je. Les grandes prêtresses du sexe sont si rares ! Mais vous devriez, nonobstant, essayer de calmer vos ardeurs, ma chérie. Elles risquent de vous valoir des complications peu compatibles avec ce métier qui est devenu le vôtre et dans lequel vous excellez.

— Je ferai mon possible, piteuse la jolie chérie, attendrissante de confusion. Voyez-vous, commissaire, c'est de naissance. Toute petite, déjà, je caressais les testicules des messieurs qui venaient à la maison. A dix ans, je pompais le facteur ; à douze, je léchais la chatte de la jeune fille qui me donnait des cours de piano ; à quinze, je me laissais sodomiser par le teinturier veuf qui avait son magasin au pied de notre immeuble ; à seize, je me laissais prendre à la suite (je n'ose employer l'expression de « queu leu leu ») par les vingt-deux garçons de la chorale mixte dont je faisais partie. Un besoin incoercible ! Une frénésie !

— La prostitution ne vous a jamais tentée ?

— Quelle horreur ! Pour qui me prenez-vous ? Me faire payer pour le plaisir qu'on m'accordait ? C'eût été inqualifiable ! Mes sens sont peut-être survoltés, mais ma morale est sauve !

Chère belle et franche Violette, émouvante de sincérité !

Elle baisse la voix, bat des cils :

— Et vous savez quelque chose, commissaire ? Bien que je sois incapable de juguler mes instincts sexuels, je suis follement amoureuse de vous !

Le plus fort c'est qu'elle paraît sincère.

— Merci du privilège, ma jolie.

Je lui vote une pelle galochée en témoignage de reconnaissance.

Elle ne peut se retenir de me flatter le grand Marcel, comme par inadvertance. Incorrigible femelle !

De l'autre côté de la rue, les immeubles sont d'importance moyenne : pas luxueux, un peu ébréchés même, mais avec un aspect oriental-petit-bourgeois, si je puis dire. Trois étages, des porches élevés, plein cintre, des fenêtres hautes, en ogive, avec des volets soigneusement clos, composés de lattes qui ne laissent rien voir des appartements.

Un grand magasin de tapis fait face au *Windsor Lodge*. Ceux-ci sont accrochés sur la façade jusqu'au deuxième étage et jonchent le trottoir. Ils ne laissent en fait d'ouvertures que la porte (sorte de trou noir, rectangulaire, donnant sur un antre mystérieux) et deux fenêtres à petits carreaux sales. Devant l'ouverture béante, une table de cuivre martelé supporte deux narguilés qui évoquent quelques binious stylisés, avec des embouts gros comme des pompes à vélo à l'extrémité de leur tuyau. Des braises brasillent en de menus foyers, l'eau de leurs vases embués gargouille faiblement à cause de deux vieux mecs en chemise, bonnet de laine, bénouse déformé, qui fument béatement, l'air absent.

Moi, le narguilé (ou narghilé, ou narguileh), ça me fait poiler. Déjà, une cigarette, je trouve con, alors que dire de ce fourbi insensé de verre, de métal, de caoutchouc que des mecs tètent, telles des mamelles hétéroclites, comme s'ils se shootaient avec un poste à essence miniaturisé. Un jour que je traînais mes couilles au Liban, j'ai essayé de fumasser ce truc-là sous la houlette d'un aminche arabe. Trois ou quatre goulées, pas davantage. Je me suis senti si glandu avec ce clystère en bouche, que j'ai tout de suite déclaré forfait. D'ailleurs, ça n'avait pas grand goût pour un palais affiné au Château d'Yquem. J'allais pas me zinguer les papilles avec ces conneries.

Les deux vioques mal rasés font vachetement folklore sur leur tas de tapis. Je passe devant eux et, délibérément, m'engage sous le porche jouxtant le magasin. T'as alors une sorte de cour ombreuse et malodorante où deux chiens tentent de se sodomiser, sans grand espoir vu leur différence de taille. Un bric-à-brac inidentifiable est accumoncelé là. Un conduit d'écoulement creusé dans le sol dallé évacue des liquides en pleine putréfaction.

J'avise un escalier extérieur, plaqué contre le mur. Il dessert les trois étages en zigzag. Il est en bois peint en vert. La couleur s'en va par plaques. Je monte. Premier palier. Une porte vitrée, fermée. Je tente de regarder à l'intérieur : il s'agit d'un entrepôt à tapis. Y en a des piles et des piles. Je grimpe au second niveau : même topo. Là encore, l'entrepôt continue. Mais d'après ce que je peux apercevoir, l'endroit n'accueille que des rossignols : c'est l'ultime resserre où l'on évacue les invendables, les loupés, les moisis.

La lourde du palier n'est fermée que par deux gros cadenas « à l'ancienne », mahousses comme des bourses de taureau. J'use de mon sésame. S'agit-il d'un mécanisme turc, toujours est-il que le petit futé est moins à son aise qu'avec des serrures perfectionnées. Ça renâcle mochement. De temps à autre, je me déconcentre pour gaffer l'environnement. Dans la cour, les deux cadors continuent de s'escrimer en jappant d'impatience ou de contrariété, j'sais pas. Au-dessus, c'est habité. J'entends mouliner un poste de radio crachoteur qui diffuse de la mélopée arbie et, par instants, un bébé pousse une beuglante qu'on lui jugule en agitant son berceau. Je continue de cigogner le premier cadenas. Il finit par se rendre. Le deuxième, vaincu par l'exemple, fait moins de chichis et se laisse convaincre.

J'entre dans le local. Une odeur âcre de poussière suraccumulée et de suint rance m'agresse l'olfactif et me file un simulacre d'angine. Il y a une quantité de toiles d'araignée en festons et des rats en goinfrade s'évacuent sans hâte. Il fait obscur. Une lumière grise, épaisse, avec, de-ci, de-là, le laser mince d'un rayon de soleil fourvoyé.

Je m'approche d'une fenêtre dont les volets sont fermés. A travers une fente, j'aperçois le *Windsor Lodge,* en face de moi, à moins de dix mètres. J'en surplombe le premier étage. Comme il s'agit d'une · architecture britannique, il est abondamment éclairé par des baies à petits carreaux.

De mon poste, je distingue nettement le couloir où prennent les chambres de mes deux tueurs et celle du supposé Carlos. Un contentement intense me vient. Je réalise qu'avec un minimum de précautions, je vais pouvoir installer ici un poste d'observation car cet étage doit rester des mois, voire davantage, sans recevoir la visite des marchands de tapis. Le seul danger est constitué par les habitants du dessus.

Je me retire et, de nouveau sur l'étroit palier de bois, j'arrange un savant trompe-l'œil avec les cadenas, de manière à ce qu'ils aient encore l'air d'être opérationnels tout en ne l'étant point. C'est-à-dire qu'ils emprisonnent deux extrémités de chaîne sans rappport direct. Il suffit de les détortiller un peu pour libérer la lourde.

Content comme un prostatique qui vient de pisser, je quitte l'endroit d'une allure paresseuse, me promettant d'y revenir bientôt.

Les clebs ont abandonné leur projet. Le plus grand est allé se faire tirer ailleurs. Le plus petit lape le liquide innommable du conduit à ciel ouvert. La typhoïde, lui, fume !

CONCILIABULE

C'est le grand amour, Violette et Cathy. Elles sont encore en train de se congratuler le clito lorsque je reviens au consultat. Violette qui, pour l'instant, se fait désintellectualiser la case trésor par la secrétaire, décidément en verve, m'adresse un petit geste d'excuse en pressant ses cuisses contre les oreilles de l'aimable personne pour qu'elle ne puisse percevoir mon inopinance.

Discret, je me retire.

Nous occupons un coin isolé du consulat, près de la pièce des archives. Entre notre chambre et ladite se trouve un local neutre, seulement meublé de quelques chaises et d'une table métallique. Des caisses et des cartons emplis d'imprimés vierges sont empilés le long des murs, composant d'étranges remparts. J'attends en ce lieu morose la fin des dévergonderies de ces demoiselles. Ce qui est un peu fatigant avec Violette, c'est qu'elle n'a que deux attitudes dans la vie : ou bien elle joue Jeanne d'Arc, ou bien elle s'envoie en l'air. La broderie, elle, connaît pas ! Le repos de la guerrière, c'est illico dans le suce-sexe que ça se passe ! Elle ignore les plaisirs intermédiaires.

Un bruit de pas nombreux me fait sursailler et

tressautir. Je bondis au couloir et je vois surviendre M. de Pourçaugnac en tête de peloton, suivi de quatre personnages dont la vue me réchauffe l'âme jusqu'aux sphincters inclus.

Je les cite dans l'ordre de leur entrée en scène : Jérémie Blanc, Alexandre-Benoît Bérurier, Raymond-Xavier Mathias et un inconnu d'une trentaine damnée, blond et brique, au regard de porcelaine, que je ne connais pas.

Chacun des arrivants est lesté d'un bagage, à l'exception de Béru lequel, comme à l'accoutumée, se déplace avec un sac en plastique à l'effigie des prestigieuses caves Nicolas, lesquelles constituent l'honneur du négoce des vins et spiritueux.

— L'équipe annoncée par Paris ! m'avertit M. le consul. Il conviendra d'aménager cette pièce en dortoir, ajoute-t-il, je vous ferai apporter quatre lits de camp. Par exemple, ces messieurs devront partager avec vous la salle de bains de votre chambre.

Je le remercie. Discret, il se retire, ce qui nous permet de procéder à nos effusions.

La joie de retrouver cette fine équipe en terre ottomane !

Ils sont venus, ils sont tous là, comme chante Aznavoche. Manque Pinuche. On m'explique qu'il est parti en voyage avec une jeune comédienne pour qui il va commanditer un spectacle. On me présente le quatrième larron, le blond aux yeux de Delft : Simon Cuteplet, un as des Brigades d'intervention spéciales. Un hypertireur d'élite. A trois cents mètres, il est chiche de filer une bastos dans l'anus d'un moineau. Du « matériel » est acheminé à Istanbul par la valoche diplomatique ; dans quelques heures, Simon sera opérationnel. C'est un taciturne, avec une moue réprobatrice aux commissures et, quand tu le visionnes plein cadre, une drôle de lueur au fond des prunelles.

Mais moi, ce qui me sidère le plus, c'est la venue de Mathias, homme de labo mais pas homme de terrain. Je lui pose la question, il y répond :

— Mon instinct m'a averti que je pouvais t'être utile, Antoine, dans cette équipée particulière.

Maintenant ça y est : il se gargarise du tutoiement, l'étale comme de la confiture sur une tartine, bien montrer aux autres « qu'il en est aussi ; qu'il en est enfin ».

Un cri modulé nous parvient de la chambre proche. Mes « hommes » bronchent.

— Calmos, jeté-je. C'est Violette qui bouffe une secrétaire.

— Elle est ici ! jubile le Mastar.

— Et pas qu'un peu. Tu vas avoir une commotion, Gros, devant son changement de style. C'est devenu une personne b.c.b.g.

Il ricane :

— B.g.c.b. ou pas, elle aura toujours des poils de cul ent' les dents, mec. C'est sa nature !

Il n'a pas tort.

— Maintenant, faisons le point, dis-je en leur désignant les chaises.

La conférence débute. Je donne la parole à Blanc pour qu'il me résume les résultats de leur brève enquête à Londres.

— Lord Arthur Kouettmoll était un personnage assez mystérieux, déclare Jérémie. Il a dirigé pendant une quinzaine d'années un service très secret du Foreign Office. Il y a deux ans, son

épouse a été tuée dans un accident de la circula-
tion et il a démissionné.

« Depuis lors, il a un statut de diplomate et
voyage aux quatre coins du monde pour défendre
les intérêts de la Couronne, partout où ils ont
besoin de l'être. Il rentrait du Japon lorsqu'on l'a
trucidé et s'apprêtait à s'embarquer pour Athènes.
Il est père d'une fille de vingt-huit ans, mariée à un
fils de milliardaire américain. Du point de vue
mœurs, il semble irréprochable. C'est tout ! »

Béru vient de quitter la pièce en loucedé. Je ne
m'inquiète pas, devinant où il s'est rendu.

— A toi, Mathias, dis-je, parle-moi de la
capsule.

— Le ruban de papier trouvé à l'intérieur est
porteur d'un texte très long, imprimé en carac-
tères microscopiques et illustré de schémas. Il est
également assorti de chiffres, et peut-être de
formules. Grossi convenablement, le document
représente un traité d'une centaine de pages. Nos
spécialistes ont eu beau plancher dessus, ils ne
sont pas parvenus à définir le système de codage
utilisé. Il s'agit d'un procédé entièrement nou-
veau. L'importance du texte, la fréquence des
dessins et des chiffres les amènent à estimer qu'il
est question d'une vaste réalisation de grosse
envergure. Je l'ai confié à un roi du décryptage
étranger avec lequel j'entretiens des relations
privilégiées.

Un immense cri fait vibrer les murs du consulat.

C'est la délicate Cathy qui hurle :

— Vous me faites mal ! N'insistez pas !

Pas de panique ! C'est le bouddha lubrique qui
est à pied d'œuvre et s'efforce d'engouffrer la

brèche ménagée par Violette. Mais la chattoune de la secrétaire joue Verdun : on ne passe pas !

On entend ronronner la voix rassurante d'Alexandre-Benoît :

— Effarouche-toi pas, ma gosse. C'est pas du béton : ça se comprime ! Y t'reste pas un peu d' beurre du p'tit déje, Violette ? Ou alors, passe-moi un' savonnette.

Blasé par des prouesses que je lui ai vu perpétrer cent mille fois, je reviens à l'enquête.

— Une chose encore me tarabuste, Mathias : cette capsule, « Cousin frileux » n'a pu l'avaler au Japon.

— Pourquoi ?

— Compte tenu de la durée du voyage, il l'aurait restituée en cours de vol.

— Probablement, fait le directeur du Service labo, imperturbable.

— Tu veux dire que ?...

— Ben oui, Antoine. Je sais que ça heurte ta délicatesse, mais ça me semble être la seule solution. Il aura gobé la gélule en fibre de verre avant de partir. Plusieurs heures après, il l'a recueillie, nettoyée et réavalée. J'ai étudié le contenu de ses poches. Il avait une fiole d'alcool à 90° dans la poche briquet de son veston.

— Quel micmac peu ragoûtant pour un Lord, cousin de la *Queen !* m'écrié-je.

— Il faisait passer le Service avant sa délicatesse de gentilhomme.

La porte s'ouvre et Violette paraît, rajustée, repomponnée, élégante. Je lui présente les arrivants. Elle fait la bise à Jérémie. Au regard salace qu'elle pose sur lui, je pressens qu'elle vient de l'inscrire sur son carnet de bal. Le zig des « Coups de main spéciaux » ne la laisse pas indifférente non plus. Elle va avoir de la pine sur la planche, la gourmande.

Elle grogne à mon intention :

— Ce gros sac à merde de Béru est impossible ! Il me la saccage complètement !

— Bains de siège, dis-je ; Mme Nika Zaraï a tout prévu. Vous avez pu obtenir des renseignements sur la taulière du *Windsor Lodge* ?

Elle acquiesce :

— Cette femme, trois fois condamnée pour vol, détournement de fonds et recel par la justice anglaise, était connue jadis à Londres sous le pseudonyme de Lady Fog (Lady Brouillard). Elle était la compagne de Jo Browning, un fameux bandit qui fut pendu pour meurtres. Après le décès de son amant, elle a bazardé tous les biens qu'elle possédait en Angleterre et s'est expatriée au Canada où elle a mené pendant une dizaine d'années une vie dont on ne sait rien, avant de venir habiter la Turquie. La pension de famille qu'elle gère est en société (panaméenne). Ses activités semblent sans histoire.

— Bravo ! m'exclamé-je, je ne vous demande pas vos sources.

Elle me remercie d'un sourire.

— Wwwwrouhahaaaaaa !!!!!! fait Cathy, dans notre chambre.

— Quel soudard ! lamente Violette. Cette pauvre chérie va être inapte au plaisir pendant au moins huit jours !

Des sanglots nous parviennent.

Bérurier prodigue à sa victime des excuses assorties de judicieux conseils.

— J't'd'mande pardon mon bijou, déclame le

Hun en rut. Ça fait trois jours qu'j'aye pas pointé un'sœur et mes amygdales sud ont pour ainsi dire esplosé. Faut qu'tu vas trouver d'la vaseseline et qu'tu pleures pas la marchandise, Cocotte. Beurre-toi l'trésor à outrance et mets des pampers, pas tacher les coussins. Y t'reste encore l'pot d'intac, t'es pas à plaindre !

Peu après cette déclaration capitale, il surgit, le visage violet, le bénouze mal rajusté.

— J'aime bien la Turquie, déclare-t-il à la ronde.

— Et moi je déteste les porcs ! renvoie Violette.

La langue française est riche en palliatifs permettant d'éviter une répétition excessive du verbe « dire ».

Au lieu d'un sempiternel : « dit-il », tu peux taper à mort dans le stock des : « admit-il, accepta-t-il, s'empressa-t-il, convint-il, hocha-t-il la tête, bougonna-t-il, jubila-t-il », ainsi soit-il.

Le Formide lui vote un rire lubrique :

— Si c'est le porque dont auquel je pense, que tu veux dire, ma bougresse, tu pavoisais quand t'étais un' simp' aubergine qui f'sait chier les tomobilisses dans les rues d'Pantruche. Qu' j't' revoye encore danser la digue du culte su' mon mât d' Gascogne, la première fois. T'app'lais ta vioque à gorge d'employée, comme quoi-ce t'imaginais-pas qu'il pussasse éguesister des mandrins d'c' calib'. Mais 'aint'nant qu' Miss Poulaille s'est laissé sabouler Marie-Chantal par not' boss' é minaude à la lichouille d'salon ! E veut plus se consacrer qu'à du personnel navigant féminin. Les coups d'rapière dans le fion, finito ! E laisse la bétonneuse de mec pour jouer d'la flûte traver-

sière su' des frangines au frifri estra cline ! Chez les
pétasses, l'habit, elle fait l'moine, croiliez-moi, les
mecs ! Une greluse qui s'met du Saint-Laurent su'
l'prose, la v'là qui s'croive Lady Dix !

Agacé, je lève la main comme faisaient nos
chers camarades teutons lorsque Adolf dégoisait à
la tribune.

— Stop ! ponctué-je.

Le Mammouth se calme.

Je m'éclaircis l'embouchure et reprends :

— Maintenant que nous avons procédé à ce
tour d'horizon, nous allons devoir passer à l'ac-
tion. Notre mission, messieurs, est délicate et se
divise en deux parties. Primo, nous devons nous
emparer des assassins de « Cousin frileux ».
Secundo, il serait souhaitable de profiter de la
découverte de ce repaire pour neutraliser un ou
deux autres personnages tristement fameux. Cet
aspect de l'opération sera, je pense, réservé à
notre nouveau compagnon, Simon Cuteplet.

« Nous emparer de Tommaso et de son ami
constitue un exploit, car après il conviendra de les
sortir du pays pour les remettre aux Britanniques.
La première objection à faire est : sont-ils tou-
jours au *Windsor Lodge ?* En enquêtant sur eux,
Violette a donné l'alarme et il se peut qu'ils aient
pris leurs cliques et leurs claques. Comment le
savoir ? »

Un silence.

Rompu par Mathias.

— La vieille, murmure-t-il ; Lady Brouillard.

— Quoi ?

— C'est d'elle qu'il faut s'emparer ; parce que
par elle vous saurez tout et obtiendrez beaucoup.

— Tu parles, c'est le meilleur moyen de foutre la panique à bord du paquebot *Windsor Lodge !*

— Non ! J'ai tout ce qu'il faut.

Il tapote ses poches.

— C'est-à-dire ? m'empressé-je.

Il extrait de ses hardes une petite boîte blanche munie d'un couvercle à glissière.

— Ça vient de sortir. Un chimiste israélien qui a découvert ce produit. Une injection intramusculaire de 5 millilitres et le patient est à disposition pour satisfaire à toutes les questions dont il connaît les réponses.

Ses yeux brillent. Cézigue, entre une belle partie de miches et une trouvaille pharmaceutique, il choisira toujours la seconde !

— Mais le plus intéressant, reprend Xavier-la-Rouille, c'est que le sujet oublie instantanément ce qu'il vient de dire ou de faire. Au bout d'une heure, l'effet du *Silverstein BK* se dissipe et celui qui l'a subi ne sait plus où il se trouve ni comment il y est venu. En somme, la petite inoculation le met en réserve de la vie pendant soixante minutes et laisse son subconscient à libre disposition. Isolez Lady Fog et confiez-la-moi. Vous n'aurez qu'à l'interroger à votre guise. Ensuite nous l'abandonnerons sur un banc ou ailleurs et elle rentrera chez elle avec l'impression de s'être endormie.

Nous sommes enthousiasmés.

— Il nous faudrait des talkies-walkies, dis-je.

— J'en aurai tout à l'heure, révèle Simon.

Me voici euphorique, tout à coup. J'ai le sentiment d'avoir retrouvé ma famille après une longue quarantaine.

Cathy, la brave secrétaire tout-terrain, sort de

notre chambre, hâve et titubante. Elle marche comme une pince à sucre. Tous les deux pas, elle doit prendre appui contre le mur.

Nous la considérons avec commisération.

— Sauvage ! lance Violette à Béru.

Le Gros hausse les épaules :

— Elle paraît t'êt' handicapée, comme ça, mais j'sus sûr qu'ça lu laissera un bon souvenir. Ell' raconterera ça à ses p'tites-filles, plus tard, et elles auront plein d'considération pour mémé, affirme cet homme de grande sagesse.

LES GRANDES DÉCISIONS

Le lendemain...

Kif les films du muet, coupés de cartons qui remplaçaient la parole, ce qui les rendait tellement plus éloquents ! Tu lisais simplement : « Un mois après », ou bien « Mon cœur est à vos pieds ! » ou encore « Mais quelqu'un veillait ». Et la magie restait intacte, pas souillée le moindre par des tartines à effet. Le cinéma était poétique parce qu'il était silencieux. Quoi de plus saccageur que le langage ? Moi, ce que j'ai eu d'important à dire, dans ma vie, je l'aurai dit avec mes yeux. Et que plus j'avance, plus je ferme ma gueule. L'abomination, c'est de tomber sur moi dans une émission de télé enregistrée.

L'autre jour, un samedi, je buvais un vin chaud devant mon poste pour soûler un début d'angine. Je regardais sans voir plein de cons en couleurs qui disaient des conneries. Et tout à coup, je ressens une sale impression : moi ! Là, à trois mètres ! Moi, devant moi ! Moi, devenu spectacle ! Moi, faisant l'intelligent comme un con en répondant à des questions paquebots dont j'avais honte pour qui les posait et plus honte encore pour qui y répondait. Moi, perdu dans le système. Moi, plein

de fausse assurance, plein d'un abject contente-
ment de pleutre. Moi qui m'appelais au secours et
qui ne m'écoutais pas pour laisser les autres
m'entendre.

Ah ! comme je voudrais des interviewes en
muet. Un carton avec ces mots :

« San-Antonio, êtes-vous heureux ? »

Réponse : ma gueule, mon regard et mon poing
avec le doigt du milieu dressé.

Deuxième carton :

« Vous gagnez beaucoup d'argent ? » (leur
dada !).

Réponse : gros plan de ma dextre saisissant mes
bourses à poignées, puis gros plan d'un clin d'œil.

Troisième carton :

« C'est quoi, l'amour, pour vous ? »

Réponse : je frétille de la menteuse comme
quand je lèche une chatte de bon aloi !

Quatrième carton :

« Et Dieu ? »

Réponse : ma gueule figée, juste une larme qui
perle.

Comme ça, l'interview de mes rêves. Dans un
formidable silence pour cause de reproduction du
son non encore inventée. Chaplin, quoi ! On a
demandé à Chaplin ce qu'il pensait de Dieu,
devant une caméra ? J'imagine d'ici sa réponse en
noir et blanc. Le cinéma est mort en devenant
bavard.

Or donc, le lendemain...

Dispositifs importants. Le grand jeu. *The big
game.* Que je t'explique.

J'embusque Violette et Simon Cuteplet dans le

« grenier » du comptoir des tapis. Elle est la seule
du groupe qui connaisse Lady Fog. Munis de
jumelles, les deux protagonistes du corps franc
surveillent l'entrée de la pension « Tu Tue ». Dès
que la vioque pointera le bout de son blair, ils
nous préviendront par talkie-walkie. Nous, c'est-à-
dire Blanc, Mathias et moi qui sommes planqués à
l'intérieur d'une fourgonnette stationnée à quel-
ques encablures de là. Prêts à l'action.

Et Béru ? me demanderas-tu. Le Gros jouit
d'un statut spécial, bien dans ses cordes : il tient
l'éventaire ambulant d'une vieille marchande de
beignets à laquelle nous avons filé le pactole pour
qu'elle l'accepte comme assistant. Les vieilles
musulmanes ont une qualité essentielle : quand tu
leur flanques un paquet d'artiche pour les aider
dans leur boulot, elles l'enfouillent sans chercher à
comprendre.

Certes, il a modifié son look, Alexandre-
Benoît, à mon instar, comme on disait dans les
romans de jadis. « A l'instar. » Dedans, y a
« star » qu'est ronflant. Son rôle est indéterminé,
au Béru. Il est placardé presque face à *Windsor
Lodge* « en couverture », prêt à interviendre
(assure-t-il). C'est Grouchy à Waterloo. On
espère seulement qu'il sera moins con que lui dans
ses interventions !

Je pense que nous n'avons rien laissé au hasard.
Dans l'entrepôt aux tapis, Violette a le cul nu, ce
qui lui convient parfaitement. Il s'agit là d'une
précaution. Si le couple est surpris, il alléguera
qu'il cherchait un petit endroit tranquille pour ses
ébats. Je lui ai adjoint le nouveau venu afin que
Cuteplet puisse se familiariser avec les allées et
venues de la pension, ce qui lui permettra d'agir

« utilement » le moment venu. J'ai exigé que les talkies-walkies demeurent branchés en permanence, voulant capter intégralement la situation. Tout le monde, sauf Bérurier, ce qui est paradoxal, est muni d'un thermos de thé froid et d'un fort sandwich.

Nous attendons, assis sans broncher, dans le fourgon surchauffé. La sueur ruisselle sur nos faces crispées, malgré le léger courant d'air que nous avons essayé d'établir par un système de vitres ouvertes.

— Ça manque d'un ventilo, soupire Mathias.

Blanc est celui qui transpire le plus. On dirait un bronze d'art fraîchement sorti du four.

Pour se distraire, on tend l'oreille. Violette qui se sait esgourdée ne s'exprime que par monosyllabes. Simon, baroudeur, homme et con, ne s'embarrasse pas de précautions. Il dit :

— Vous avez un cul formide ! C'est dommage.

Profond soupir.

— Pourquoi est-il dommage de posséder un fessier que vous jugez avenant ? s'étonne Violette, très seizième.

— Dommage que je peuve pas m'en occuper ! déplore le tueur professionnel diplômé de l'Etat.

— Qui vous en empêche ? chuchote l'insatiable. Nous sommes à l'abri des regards et nous avons du temps. Il vous serait loisible de me prendre en levrette pendant que je surveillerais les abords ?

— Je vous dis pas, mais je suis inapte à l'amour depuis que deux rebelles africains m'ont châtré.

— Oh ! Seigneur, quelle horreur ! perd-elle tout contrôle. Comment cela s'est-il passé ?

— Ils m'ont claqué les gesticules entre deux pierres tranchantes.

— Ouille ! compatit Violette.

— Ouais, c'est ce que j'ai dit ! Ce qui m'a consolé, c'est qu'un des bougnoules s'est sectionné un doigt dans sa rage.

— Et depuis, plus rien ?

— Rien !

— Vous avez essayé, naturellement, de faire un état des lieux ?

— Je suis été voir une pute à Niamey, sitôt que j'ai revenu de mission : elle a escrimé sur mon zob, mais il est resté chique molle.

Hésitation de ma précieuse auxiliaire (elle, c'est l'auxiliaire « être »), puis, altruiste jusqu'aux glandes salivaires, elle murmure :

— Souhaiteriez-vous que je procède à une nouvelle vérification ? Il se pourrait qu'un « petit quelque chose subsiste » et qu'un regain de... de vitalité apparaisse ?

Il manque de foi, Simon :

— Vitalité mon zob ! Je préfère pas ; ensuite je désempare de m'être trouvé tout con devant une jolie fille.

— Qui ne tente rien n'a rien, Simon. Peut-être que, même si votre membre reste inerte, une délicate fellation vous causera une ombre de plaisir. La volupté est nuancée ! Allons, allons, bon ami, ne faites pas de chichis. Une femme est toujours doublée d'une infirmière, c'est en tant que telle que je vais essayer de réchauffer vos ardeurs. Laissez-moi agir et surveillez bien ce maudit hôtel !

« Oh ! mon Dieu ! Une braguette à boutons ! Encore ! En pleine fin de siècle ! Ma première,

Simon! Et il faudrait qu'elle ne défende rien?
Quelle misère! Laissez-moi faire. Ne vous occu-
pez que du *Windsor Lodge,* mon grand; uniquement. Tenez, asseyez-vous sur cette caisse, soldat!
Et il porte un caleçon-caleçon, l'amour! Un vrai!
En coton! Et... mais oui : long! Mais vous êtes
donc un grognard de l'Empereur fourvoyé dans
cette stupide époque? Voyons l'appareil!

« Oh! pauvres testicules profanés, saccagés!
Attendez... Ça ne vous fait pas mal quand je les
palpe? Il n'y a pas que de la peau, militaire! Je
sens comme une induration. Et si les misérables
nègres vous avaient laissé par mégarde un brimbo-
rion de rouston, mon chou? Hein? Et si? Voyons
ce membre... Oui, bon, passons, ça n'a jamais dû
être Byzance, si je puis parler ainsi à Istanbul. Du
petit paf de sous-officier, sans vouloir vous vexer.
Certes, la mutilation dont vous avez souffert n'a
rien ajouté à sa gloire, mais tout de même, la
modestie a toujours dû être sa qualité dominante.
Il va me rappeler l'époque où je fumais des
cigarillos.

« On n'est pas très à son aise pour pomper cette
bricole, sergent. Saisir ça entre le pouce et l'index
ressemble à de la minauderie de salon. Une bite se
saisit à pleine main et il doit en rester suffisam-
ment à l'air libre pour qu'on la puisse entonner
jusqu'à la glotte. Franchement, c'est la première
fois que je m'attaque à une queue aussi minuscule.
Vous ne deviez pas faire le flambard lorsque vous
déballiez cet outil à une femme, non? »

Penaud, le « mutilé » murmure :

— C'est à cause de « ça » que je me suis engagé
dans les corps francs.

— Pour compenser?

— Voilà.

— Votre virilité était ailleurs ?

— Pour ainsi dire.

— L'action vous soulage ?

— C'est vrai.

— Lorsque vous tenez un homme dans la mire de votre fusil à lunette, cela équivaut à une érection ?

— Vous avez tout compris.

— Presser la détente, c'est l'orgasme ?

— Je voudrais ne faire que cela. Quand j'en mets un en l'air, il me semble que je décharge.

— Même maintenant ?

— Surtout maintenant.

La voix est sourde, vibrante, passionnée. Elle nous fait froid dans le dossard.

Je baisse l'intensité de son émetteur.

— Pauvre mec, dis-je, il est à plaindre.

M. Blanc hausse les épaules.

— Ton cher Bérurier t'objecterait que, tant qu'à faire, il vaut mieux qu'on ait coupé les couilles d'un type sous-membré.

C'est exact : il dirait exactement cela, le Gros.

Par un interstice, je l'aperçois, tout là-bas derrière une montagne de beignets, dans la vapeur bleutée de la friteuse. Il porte une chéchia, des babouches, une large ceinture de flanelle. Gros lapin, va !

Dans le grenier, l'opération « turlute » entreprise par Violette n'a pas l'air de porter ses fruits.

— Laissez tomber, mademoiselle, soupire Simon Cuteplet ; vous n'arriverez à rien !

Elle désembouche le pafounet du tireur d'élite et demande :

— Avez-vous le sentiment qu'un doigt dans le

rectum serait susceptible de créer une sensation bénéfique ?

— Pensez-vous ! Je me suis fait emmancher par un zouave qui balançait une chopine d'âne, par curiosité, mais ça n'a rien changé. Je suis un eunuque, mademoiselle, il faut appeler les choses par leur nom. Oh ! merde. Regardez !

— Quoi donc ?

— Cette grosse femme qui sort de l'hôtel...

Un temps.

— C'est elle ! s'exclame sourdement Violette.

Puis, à l'appareil :

— Opération « Cousin frileux », vous avez entendu ?

— Tout ! réponds-je.

Ça la lui coupe un instant, puis, impassible :

— Lady Fog ! Elle porte une robe mauve, une capeline, des chaussures à hauts talons comme si elle se rendait en visite !

— Nous sommes prêts ; restez en place, tous les deux, et poursuivez vos efforts. Vous devriez essayer feuille de rose !

J'ouvre la portière coulissante et fais signe à Jérémie. Je me fais l'effet d'un instructeur de parachutistes ordonnant à l'un de ses élèves de sauter.

Le Noirpiot quitte le véhicule et s'avance nonchalamment au-devant de Tantine ; il a un microcravate dissimulé dans le col ouvert de sa chemise. Je passe sur la fréquence « B » afin de rester au contact avec lui. Ces instruments sont très performants car je perçois nettement le bruit tranquille de sa respiration.

Tout aussi calme que M. Blanc, Mathias sort sa petite boîte dont il fait coulisser le couvercle.

Grésillement de mon récepteur « B ».

Voix de Jérémie :

— Je vous demande pardon, madame. Vous êtes Lady Fog ?

Voix de femme âgée :

— Comment ?

Ils s'expriment en anglais, bas patois que Jérémie utilise à la perfection, au point que le prince Charles a l'air de traîner l'accent auvergnat, en comparaison.

— Je viens de la part de Lou Steemann (1).

Un silence. La vieille doit avoir de l'emphysème. Son souffle, maintenant, évoque la remise en étui d'une poupée gonflable après usage.

— Je ne sais pas de qui vous parlez, Sir.

J'enrogne. Evidemment, tout cela est trop simpliste. On ne débarque pas chez Lady Fog en balançant n'importe quel vanne. Il doit y avoir des phrases clés, des mots de passe, des signes de reconnaissance, des objets servant de sésame, des condés imparables, sinon sa boutique aurait été « éventée » depuis lurette.

Voix imperturbable de Jérémie :

— Vous avez tort de le prendre sur ce ton, Milady, un gros « brouillard » s'accumule au-dessus de votre boîte et il va chier des bulles carrées avant la fin de la journée. Mais enfin, si vous ne voulez pas m'écouter, à la bonne vôtre. *Bye !*

---

(1) Nous nous sommes documentés avant d'agir. Lou Steemann est un bandit anglais fameux, un prince du hold-up, un roi de la gâchette dont les évasions fracassantes ont défrayé la chronique récemment.

San-A.

L'aplomb du mec ! Chapeau ! Il fait montre d'une maîtrise étourdissante, l'ancien balayeur de la place Saint-Sulpice !

Par ma délicate meurtrière, je le vois tourner le dos à la vieille et rabattre vers nous. Cela s'appelle jouer à quitte ou double. Faut un tempérament de flambeur pour interpréter ce genre de partition. Etre le *king* du poker.

Voix (essoufflée) de femme âgée :

— Hep ! garçon ! Un instant.

Gagné !

M. Blanc se retourne mais ne fait pas un pas en direction de mémère. Il attend qu'elle le rejoigne et je devine qu'il a dû adopter un air rogue.

Voix (moins essoufflée) de femme âgée :

— Qu'est-ce que c'est que ces salades que vous venez me raconter ?

Voix glaciale de M. Blanc :

— Ecoutez, ce que j'ai à vous dire concerne un de vos clients, la mère. Son nom de guerre commence par un « C ». Ça vous intéresse ou ça ne vous intéresse pas ? Si ça vous intéresse, on cause ; si ça vous intéresse pas, je me barre et je récite un bout de prière pour vous parce que vous êtes vieille et donc fragile.

Ils parviennent presque à la hauteur de notre fourgon. Je refais coulisser le panneau latéral, prêt à « accueillir » la vioque...

Voix de la vieille :

— D'où sortez-vous, garçon ? Et vous cherchez quoi, au juste ?

— Je vais vous expliquer ça en détail, Milady. Tenez, grimpez donc dans cette voiture.

— Quoi ! croasse la tenancière. Non mais, vous vous imaginez que...

Elle n'a pas le loisir d'en casser davantage. M. Blanc l'a saisie par la taille et, d'un effort somptueux, la hisse dans notre véhicule malgré ses protestations.

Je plaque ma dextre sur le museau de la mamie. Le Noirpiot grimpe à son tour, Mathias relourde. Synchronisme parfait, à croire que nous avons répété l'opération cent fois. Cette vieille teigne me mord l'intérieur de la main, et pas qu'un peu ! Blanc la bloque par-derrière. Mathias a déjà sa minuscule seringue en main. Il pousse la conscience professionnelle jusqu'à désinfecter l'endroit où il va la planter, avec un tampon imbibé d'alcool qu'il retire d'un sachet. Tchlouc ! La dame se rend à peine compte de ce qu'il lui fait. Elle continue de se trémousser entre les pattes puissantes de Jérémie. Mais, très vite, elle se calme. La voilà toute chose, dolente, pensive. J'aide le négus à l'allonger sur une vieille couverture qui pue la moisissure orientale.

— Madame t'est servie, ricane le Rouquin en me la désignant.

Avant de m'occuper d'elle, j'explore la rue. Un truc, sur l'arrière, me fait tiquer : Béru se pointe à pas rapides vers nous. Il paraît en alarme. Il nous adresse des mimiques discrètes.

Je le signale à Blanc. Blanc hoche la tête :

— Il doit y avoir un os, admet Boule de Neige.

Mathias regarde à son tour par la meurtrière.

— Je crois comprendre, il fait.

Et puis, comme nous constituons une équipe formidablement homogène, à cet instant, le récepteur du talkie-walkie grésille et Violette lance un :

— Attention ! Il se passe quelque chose d'insolite. Bérurier a brusquement lâché ses beignets pour se mettre à filer un type. Je crois que c'est un grand, avec des moustaches à la Omar Sharif. Il porte une chemise blanche à manches courtes.

— O.K., on l'aperçoit, fais-je.

Je file une deuxième caroube sur la vieille, histoire de la dissimuler et rouvre le panneau sur rail.

— Surveillez le mec en question, fais-je à mes potes. Sitôt qu'il arrivera au niveau du fourgon, prévenez-moi.

On attend, tels des guépards réduits aux aguets.

— *Go !* fait soudain Jérémie.

Je saute du fourgon. Juste le grand mec se pointait. Je lui tartine un coup de tronche dans sa collection de mandibules. Il titube. Je le biche par la taille. Béru nous rejoint, le soutient aussi. Une dame qui passait en coltinant des paniers s'arrête pour visionner cette humble scène de la rue. Nous prenons des airs d'affliction et faisons mine de bassiner le visage du grand. La vioque, rassurée, passe son chemin après nous avoir donné des conseils très intéressants dans cette langue appartenant au groupe ouralo-altaïque.

On embarque le grandu dans le fourgon. A cet instant, le julot reprend la poêle de l'ablette et flanque son genou dans les balloches à Béru. Le Gravos, s'il y a une chose qu'il n'admet pas, c'est bien qu'on s'en prenne à ses précieuses ridicules ! Il émet un barrissement de colère, arme son poing et le balance en uppercut du droit à la mâchoire déjà tuméfiée du zig à moustache. Tout le monde en morfle ! En explosant, son bas de gueule éclabousse à la ronde. Chacun prend sa giclée de sang, ses lambeaux de gencives, ses esquilles d'os. Comment que ça lui a modifié la physionomie, un

tel parpaing, au Turc ! Il fait mulot, moi je trouve ;
toucan, même, à la rigueur. Il a plus qu'un cratère
rouge sous le pif. Manger, ça ne lui sera pas
possible avant l'année prochaine et, à moins qu'il
ne soit ventriloque, je le vois guère donner une
conférence avant d'avoir appris le sourd-muet !

Il est raide groggy ! Pourtant, Mathias insiste
pour lui offrir une tournée de sirop d'oubli.

— Ainsi, il ne se rappellera jamais ce qui lui est
arrivé, assure notre gentil blondinet.

Nous questionnons Alexandre-Benoît à propos
de l'homme. Pépère est en train de se déculotter
pour examiner ses génitoires endolories. Il déballe
sa chopine d'âne et la développe par-dessus ses
formidables roustons.

Ça me rappelle l'histoire de mon cher Patrick
Sébastien. Le môme d'un Noir demande à son
père :

« Papa, je peux jouer avec ta bite ? »

Et le dabe répond :

« D'accord, mais ne t'éloigne pas trop ! »

Ça n'en finit pas, Béru, son chibre. Jumbo ! La
grosse lance d'incendie de la caserne Champerret !

— Dieu de Dieu ! fait-il en la faisant sautiller
dans les paumes de ses mains, je l'ai senti passer.

— Lui aussi ! assure Mathias en désignant
Gueule-cassée.

— Je vais avoir un bleu ! annonce sombrement
l'Enflure.

— Il vaut mieux un bleu qu'un trou, dis-je.
Bon, rembobine et casse-toi, on a de l'ouvrage. Tu
n'as pas répondu à nos questions concernant
cézig : d'où sort-il ?

Béru masse un endroit particulièrement doulou-
reux de son pneu à flanc blanc.

— L'était placardé dans une chignole. J'ai eu l'impression qu'y surveillait l'hôtel, lui z'aussi. Quand la vieille a sorti, j'l'ai vu réagir. Il a attendu qu'é passate devant lui pour s'mett' à la filocher. Fallait qu'je vous préviende.

Il achève de remballer son matériel.

— Bon, j'vas rejoind' la vioque aux beignets. Très brave femme malgré qu'é causasse pas français. J'lu bricole un peu la moniche pendant qu'elle confectionne, mais ell' fouette de trop pour qu'j'la sabrasse. Notez, ajoute-t-il, qu'on peut pas savoir ce dont l'av'nir nous réserve. Un jour qu' j's'rais en manque, j'pourrerais très bien y faire un' fleur.

Je le pousse hors du fourgon. Jérémie, sur mon ordre, va se mettre au volant et démarre. Après ces louches agissements, il est préférable de changer de quartier.

— Trouve-nous un coin champêtre, grand! lui recommandé-je.

C'est féerique, Istanbul, vu d'en haut : le Bosphore, la Corne d'Or, les dômes étincelants des mosquées, le port avec sa multitude de barlus... Un enchantement! Nous avons traversé l'interminable pont sur le Bosphore et, stoppés sur une esplanade, nous nous gavons du somptueux spectacle. Autour de nous, une végétation odoriférante ajoute à la féerie. Des oiseaux égosillent et leurs pépiements ne sont troublés que par les incantations des muezzins qui montent de la ville.

Cette sobre et enchanteresse description achevée, je te signale un fait, inaccoutumé venant de moi : j'ai peur. Je l'avoue sans fausse honte. Un brusque traczir me biche à contempler cette fabuleuse cité dont la gloire continue de resplendir au soleil. Je sens que des dangers très grands nous y guettent, tapis dans ces artères bruyantes. De vilains pressentiments m'assaillent. Est-ce de m'être couché dans un cercueil qui me file ces funestes présages dans le cigare ?

— T'as l'air d'avoir un coup de flou, Grand ? me demande Jérémie en posant sa main fraternelle sur mon épaule qui ne l'est pas moins.

— *Yes,* mec, avoué-je. Ça vient de sortir, c'est de l'angoisse du jour, toute fraîche. En pareil cas, j'use d'une expression qui traduit mon état d'âme : « Je sens les choses qui sont derrière les choses. »

Je lui désigne le panorama d'un geste large de semeur hugolien.

— C'est plus coton que ce que nous pensons, Jérémie. Nos problèmes en cours constituent la partie émergée de l'iceberg.

— Qu'est-ce qui te fait dire ça ? L'apparition du gazier que Béru a démantelé ?

— Peut-être, mais je crois que mon pressentiment avait déjà pris corps avant que cet homme ne se manifeste. Soyons vigilants !

— Qu'attends-tu pour questionner la vieille ?

— Une interview, ça se prépare, mon chéri. Il est tellement facile de poser des questions qu'on omet souvent de les sélectionner.

Nous regagnons le fourgon stationné à l'ombre d'un gros buisson de lentisques et d'arbousiers. Mathias, charitable, colmate tant mal que bien les brèches pratiquées dans la physionomie de l'homme à la chemisette blanche par le poing-enclume de Mastar.

Il est toujours groggy, le digne homme. Par

contre, Lady Fog est pimpante. L'âge purifie l'individu en l'emmenant dans les renoncements. De même que l'inappétence est le meilleur des régimes, la vieillesse engendre la sagesse. Elle a un sourire bienveillant. C'est une personne dont la silhouette évoque celle d'un bonhomme de neige. Elle est ronde comme deux boules l'une sur l'autre. Ses cheveux courts et frisottés sont d'un gris bleuté, ses lèvres mal dessinées en rouge cerise me font penser à une petite tomate et ses pommettes à deux grosses. Regard clair, une duvetterie abondante comme de la véritable barbe, des fanons, de gros nichons de vieillarde robuste parachèvent son apparence sphérique.

— Ça va ? je démarre mollement.

— Très bien, assure la mamie des voyous. Et vous ?

— Davantage, ce serait trop. Vous avez beaucoup de monde à la pension ?

— Pas tellement.

— Mais du beau monde, hein ?

— Comme toujours !

Rire satisfait de la daronne.

— Tommaso est toujours au *Windsor Lodge* ?

— Oui, toujours.

— Il n'a pas pris peur quand vous lui avez annoncé qu'une fille les cherchait, lui et son copain ?

Elle glousse.

— Je me suis bien gardée de le leur dire. Ces deux-là sont plus prudents que des chamois : ils auraient fichu le camp sur l'heure.

Comme quoi la notion des affaires prime la prudence. Elle l'a bouclée, la vioque, pour ne pas perdre deux clilles ! Mais alors...

Hein, mais alors qui a voulu nous gazer, Violette et moi ? Ça c'est de la question à mille balles toutes taxes comprises !

Je n'ai pas douté un seul instant que cette tentative d'assassinat sur nos personnes ait été décidée et organisée par les occupants de la pension de Lady Fog ! Alors ? Mustafa Kémal Foutu, le chef de la Police istanbuliote ?

Je ravale ma stupeur. *Les choses qui sont derrières les choses !* Gare à nos fesses, les amis ! J'ai idée qu'une étrange mafia s'occupe de nous.

— Il s'appelle comment, l'ami de Tommaso ?

— Boris Kelfiott.

— Ils viennent souvent chez vous ?

— C'est la deuxième fois.

— Et Carlos ?

Elle paraît indécise.

— Carlos ?

— L'homme qui occupe la chambre « Coventry ».

— Il ne s'appelle pas Carlos, mais Ramono.

Ignore-t-elle l'identité de son client au visage « mangé de poils » ?

— Il vient souvent au *Windsor Lodge ?*

— Il l'habite depuis plus d'un an.

— Et qui avez-vous encore comme clients ?

— Babylas, le Belge, avec une amie. O'Brien, de Dublin. Red Oversee, de London...

Consciencieux, Mathias a apporté un magnéto de poche, guère plus gros qu'une boîte d'allumettes et enregistre les confidences de la dame.

Je fais préciser à celle-ci le nom des chambres qu'occupent ses pensionnaires, la durée prévue de leur séjour, leurs habitudes. Ils sont une dizaine au total, à couler des jours paisibles derrière les murs de sa pension voyouse.

— Vos rapports avec la Police turque sont toujours très bons ?

— Excellents.

— Vous connaissez, bien sûr, Mustafa Kémal Foutu ?

— C'est un ami, épanouise-t-elle.

— Vous le payez bien ?

— Il est raisonnable. Lui, ce qui l'intéresse, c'est de palper en dollars.

— Combien ?

— Dix mille par mois. Ce sont mes pensionnaires qui les paient.

— La taxe de séjour, en somme ?

Elle pouffe.

— Charmante expression ! Oui, la taxe de séjour.

— Tommaso et Kelfiott sont ici pour longtemps ?

— Jusqu'à nouvel ordre.

— Ils sont amant et maîtresse.

Elle hausse les épaules.

— Un vrai ménage ! Touchant ! Il m'arrive de leur porter moi-même le petit déjeuner au lit pour le plaisir de les voir se faire des mamours.

— Leur spécialité professionnelle, c'est l'abattage clandestin, n'est-ce pas ?

La vieille s'ensérieuse.

— Vous savez, je me montre on ne peu plus discrète avec mes clients. Dans notre monde, c'est indispensable si on veut devenir vieux. Les centenaires de Palerme sont toujours des gens qui ne se sont pas occupés de leur prochain.

La pauvre ne s'aperçoit pas, sous l'effet du

Silverstein B K, qu'elle ne respecte guère ce sage adage.

Je lui désigne l'homme inanimé.

— Lui, vous le connaissez ?

— Jamais vu.

Je me tourne vers mes deux compagnons :

— D'autres questions, messieurs ? Toi, Mathias ?

Le Rouquinos rougit (mais oui, il y arrive !) de confusion.

— Merci..., Antoine. Lady Fog, êtes-vous au courant d'un double assassinat qui s'est produit à l'hôtel *Thagada Veutu* ?

— J'en ai entendu parler, oui.

— Certains de vos pensionnaires auraient-ils trempé dans cette affaire ?

— Sûrement pas. Les gens qui logent chez moi se tiennent peinards, ils sont là pour ça !

— Et Kémal Foutu ? reprends-je. Il n'aurait pas organisé ce coup fourré ?

— Lui ? Non. Il aurait agi plus simplement. Quand il a des problèmes, ceux-ci sont réglés par un accident de la circulation.

— Vous avez une idée sur l'identité du meurtrier, gentille amie ?

— Pas la moindre. Il doit s'agir d'une affaire d'espionnage. A Istanbul, les services secrets étrangers fonctionnent à plein régime, comme au cours de la dernière guerre. A cette époque, on se faisait des couilles en or à Lisbonne ou ici !

Chère brave aventurière en pantoufles atteinte par la limite d'âge ! En la regardant, en l'écoutant, je me rends compte que le bien et le mal, la vie droite ou la vie arnaqueuse sont séparés par des frontières bien fragiles et, souvent, indiscernables.

Combien pratiquent la filouterie « en toute bonne conscience » ? Et combien marchent sur le fil de l'honnêteté comme des funambules ? Le droit chemin, n'en déplaise aux moralistes, décrit des zigzags, parfois.

Mathias qui se voue à « Chemisette blanche » murmure :

— Tu sais que ce type n'est pas très bien, Antoine. Il souffre d'une commotion cérébrale et l'état dans lequel il se trouve fait songer à un coma.

— Les risques de son métier, fatalisé-je. Fouille-le !

Jérémie demande :

— Que faisons-nous, maintenant ?

Je le sens inquiet.

— Opération « retour », tranché-je. On va déposer le moribond sur un bord de route où quelqu'un le découvrira et donnera l'alerte. Quant à mémère, nous allons la reconduire chez elle.

— CHEZ ? exclame M. Blanc.

— Oui, dis-je. L'occasion est unique de pénétrer au *Windsor Lodge* avec le meilleur des condés : la patronne ! Profitons de ce qu'elle est dans la semoule pour investir, l'occasion est unique !

Il lance une réplique célèbre :

— Mais bon Dieu, c'est sûr !

— En nous voyant en sa compagnie, poursuis-je, ses autres pensionnaires ne sourcilleront pas. L'Opération « Cousin frileux », c'est tout de suite qu'il faut la réaliser. Et vite ! J'alerte les autres par talkie-walkie.

— Que devrai-je faire du fourgon ? questionne
Jérémie.

— Laisse-le devant la pension, il va nous servir
encore.

Il stoppe à vingt mètres de l'entrée et descend.
Coups brefs du poing contre la carrosserie. Je
délourde, puis donne le bras à mamie pour quitter
le véhicule.

— Elle est encore sous *Silverstein BK* pour une
vingtaine de minutes, annonce calmement
Mathias, homme rigoureux.

— Ce sera suffisant. Tu as ton petit matériel ?

— Evidemment !

Avant de rentrer, je coule un regard discret sur
le comptoir des tapis, second étage. Les volets en
sont clos, mais il me semble bien qu'il manque une
latte au milieu de l'un d'eux. Dans l'entrepôt
minable, Simon Cuteplet guette en caressant son
fusil à lunette démontable pourvu d'un silencieux.
Violette s'obstine-t-elle à lui mâchouiller le brise-
motte ? D'après ce que j'ai surpris des confidences
du mercenaire, autant mastiquer une plaquette de
chewing-gum, elle banderait plus rapidement !

Nous entrons. La soubrette turque que j'ai vue
naguère est en train de passer l'aspirateur sur le
grand tapis du hall. Elle ne nous regarde pas. J'ai
idée que la vieille doit se montrer incommode
comme patronne.

— Allons dans votre bureau, dis-je à Lady Fog.

Elle nous précède. Son burlingue, en fait, est
une petite pièce qu'on appellerait simplement
salon si un bureau ministre chargé de paperasses
n'en accaparait une bonne partie.

D'un geste, j'indique à mes compagnons le

vieux paravent de soie qui accordéone devant l'entrée d'un jardin d'hiver. Ils vont s'y planquer.

— Chère Lady, fais-je, téléphonez donc à Tommaso, chambre « Manchester », pour lui demander de venir vous rejoindre ici. Dites-lui que vous aimeriez lui présenter un vieil ami à vous susceptible de lui être très utile.

— O.K., fait la vioque avec un sourire nostalgique.

Elle murmure, femelle, toujours :

— Vous êtes sacrément beau gosse, mon garçon. Que n'ai-je vingt ans de moins !

Vingt ans, c'est leur marge de regret, aux vieux. Quand ils atteignent la soixantaine, ils soupirent après ces vingt ans excédentaires ; et quand ils ont passé quatre-vingts, c'est toujours le même tarif : vingt piges ! Je me dis, en la défrimant, que même vingt ans en arrière, y aurait fallu que je me raconte un drôle de scénario pour pouvoir l'embroquer, Milady !

Elle compose deux chiffres au cadran.

Je perçois un ronflement lointain. On décroche.

— Mister Tommaso ? Non, c'est Mister Kelfiott ?

Je lui mimique que ça revient au même.

— Vous auriez une seconde pour passer dans mes appartements ? poursuit l'ancêtre. J'ai ici un vieil ami qu'il vous serait intéressant de rencontrer... Comment ? fait la taulière. Tous les deux ? Bien sûr, c'est ainsi que je l'entendais...

Elle raccroche.

— Ils vont venir !

Ma limouille est à tordre. Minute capitale ! Deux tigres méfiants vont se pointer, qu'il va falloir circonscrire en un clin d'œil ! D'un coup je

me sens mal engagé dans cette croisade. Un, j'en
faisais mon affaire, mais deux à la fois, merci
bien ! Mathias n'est pas un homme de castagne,
quant à Jérémie, le temps qu'il fasse les quatre pas
nous séparant du paravent, le deuxième tueur lui
aura plombé le baquet.

Alors, la voix feutrée de l'irremplaçable
Mathias retentit :

— Ne tentez rien, commissaire. Retenez-vous
seulement de respirer une fois qu'ils seront entrés.

Intéressant, non ?

C'est beau, la science. Ça prime la force dans
certains cas.

N'empêche que je pense fort à Félicie, ce qui,
chez moi, équivaut à une prière.

Comme notre maigre cerveau ne peut concevoir
Dieu, il a besoin de se faire une idée de Lui en
usant de son iconographie privée.

Après un léger heurt, deux personnages aussi
bizarres qu'étranges pénètrent dans la pièce. L'un
est âgé d'une quarantaine d'années. Il est grand,
avec le cou large, un regard profondément
enfoncé et le nez en éteignoir de cierge (convient
également pour moucher les bougies). Ce qui
surprend le plus dans son visage, c'est son absence
de lèvres. Ce mec, il serait incapable de jouer de la
trompette. Il porte sous l'oreille gauche une
profonde cicatrice dont je suis prêt à te parier ma
chemise contre tes deux testicules qu'elle résulte
d'une balle d'assez fort calibre. Le second est
encore plus grand que l'autre, très maigre, jeune
avec des boutons plein le menton. On dirait
quelque étudiant anarchiste russe de jadis, de ceux
qui dynamitaient les voies ferrées au temps des

tsars. Il a le front proéminent, les oreilles décol-
lées, le tour des yeux rose et l'air aussi gentil qu'un
tortionnaire arabe recueillant les confidences d'un
général américain.

Ces deux aimables personnages entrent donc et
s'avancent vers Lady Fog et moi. Expressions
hermétiques. Le plus âgé a une main dans sa
poche et, crois-moi, ce n'est pas sa boîte de
capotes anglaises qu'il tient.

Ma pomme, souscrivant aux recommandations
de Mathias, je joue les pêcheurs d'éponge et me
retiens de respirer.

Instant critique. Ces deux loups ont déjà flairé
un danger. Personne ne parle. La mamie parce
qu'elle ne sait que dire, vu que je ne lui ai pas
fourni de texte à prononcer, moi parce qu'il est
duraille de jacter sans brûler un peu d'oxygène, et
les arrivants parce qu'ils attendent.

Je leur souris. Tout ce que je peux me permettre
pour détendre un peu l'atmosphère. Un large
sourire en tranche de pastèque, sauf que mes
pépins à moi sont d'un blanc éclatant.

Je tends éperdument l'oreille, guettant un bruit
de gaz fusant. Que tchi ! Mathias aurait-il des
problos avec sa « capsule » (si capsule il y a) ?

Des chandelles grosses comme le pouce me
dégoulinent le long de la raie médiane, appelée
aussi raie culière dans les manuels de savoir-vivre.

Le dénommé Tommaso (le grand jeune) laisse
tomber d'un ton cassant :

— Alors, Milady ?

La vioque me regarde interrogateusement.
Beau et bon sourire façon couverture des *Mille
recettes de Tante Berthe*. Et puis elle exprime un
hoquet d'asthmatique, porte la main à sa gorge et

tombe en avant sur le tapis. Moi qui attaque ma seconde minute sans respirer, je commence à me faire vieux. Comme ça ne m'empêche pas de voir, je regarde les deux pédoques. Boris Kelfiott (l'homme au cou large) arrache d'un geste expert un parabellum de sa vague et me braque. Mais ses forces l'abandonnent, ainsi que sa lucidité et il choit sur les genoux sans lâcher la crosse de son feu. Son pote, davantage vivace, résiste un bref instant de plus. Pourtant il est terrassé à son tour.

Alors je cavale jusqu'à la porte pour aller respirer sous des cieux plus cléments, suivi de Mathias et de Blanc. On referme derrière soi et on s'approche du porche. Inspiration, expiration ! Bonno ! comme s'exclamait, il n'y a pas si longtemps, mon ami Trabadja. Une paire de poumons, c'est chouette quand ça fonctionne au quart de tour ! Je m'en enfile dix litres d'un coup, et pourtant c'est pas un air de *first quality* ! Y a des scories, des miasmes. Ça pue la fritaille, le gaz d'échappement, le suint (tagada gada *tsuint suint.*).

— C'est quoi, ton truc, Mathias ?

Il tire de sa fouille un gros stylo Mont-Blanc bricolé par ses soins (tagada gada *soins soins*), en ôte le capuchon et me montre des trous imperceptibles.

— Il écrit du bas et asphyxie du haut !

— Bravo ! J'espère que tu as beaucoup d'autres gadgets de ce tonneau ?

— Une quantité.

— Ton soporifique est presque instantané.

— Entre vingt et trente secondes selon les dimensions du local ; un peu plus en extérieur, dans un rayon de vingt mètres.

— Son effet dure longtemps ?

— Une dizaine de minutes sur le sujet qui l'a inhalé ; pour ce qui est de la dissipation, je pense qu'on peut déjà retourner là-bas, à condition d'ouvrir les fenêtres. J'y vais le premier, attendez-moi là.

— Ce mec est pas croyable ! bée Blanc. Tu parles d'une efficacité. Il est...

— Chié ! coupé-je.

Quelques instants plus tard, le divin Mathias nous hèle. Il tient sa fameuse seringue d'une main.

— Ces messieurs sont à votre disposition, annonce-t-il. Attendez qu'ils recouvrent leurs esprits et ils vous suivront comme des moutons.

Je vais chercher mon talkie-walkie pour appeler nos copains d'en face. Je tombe sur une Violette impériale (1).

— Vous êtes au *Windsor Lodge* comme en terrain conquis ! exulte la belle décapsuleuse de braguettes.

— C'est provisoire. Quittez votre mirador. Dites à votre massacreur de révoltés noirs qu'il nous rejoigne. Vous, allez ramasser le Gros et faites-vous désigner par lui l'auto dans laquelle est arrivé naguère l'homme à la chemisette blanche. Rapide inventaire du véhicule et rendez-vous général à la fourgonnette dans dix minutes. Vu ?

— Vu ! répond-elle.

Elle ajoute avant de stopper le contact :

— Votre ton de commandement m'embrase le sexe, commissaire.

(1) Çui-là, je te l'ai déjà servi dans *Le bal des rombières*.
                                                        San-A.

— Nous ferons la chaîne pour vous l'éteindre, ma tendre amie !

Le temps de compter jusqu'à dix-sept en faisant concorder les verbes et en assurant les liaisons, que voilà Simon Cuteplet à ma botte de sept lieues.

— Opération de commando, lui dis-je.

— A vos ordres, mon lieutenant !

L'habitude...

Je décroche au tableau des clés celle de la chambre « Coventry » et entraîne Simon dans ma foulée. Je l'introduis dans la pièce.

— Cette carrée est occupée par le terroriste Carlos, lui dis-je. Tu vas le neutraliser quand il rentrera.

— Complètement, mon lieutenant ?

— Jusqu'aux chrysanthèmes ! Méfie-toi, car c'est l'homme le plus astucieux qui ait existé. A Paris il a mis en l'air je ne sais plus combien de draupers qui venaient le serrer et il a disparu. Tu n'as pour toi que l'élément de surprise.

L'imbandant ricane :

— Faites-vous pas de souci, mon lieutenant, on peut déjà commencer à creuser un trou pour lui !

— Quand tu auras terminé ce sale boulot, retourne au consulat de France.

— O.K. Mais pourquoi appelez-vous ça un sale boulot ? Y a rien de plus sympa !

— Ne fais pas trop de vagues, dans cette taule.

— J'ai un silencieux.

— Note bien qu'il s'agit d'un nid de forbans, tous bons pour un équarrissage rapide. Néanmoins il faut ménager le petit personnel.

Il a un sourire blasé d'homme sûr de soi.

Je m'en vais, raccroche la clé à sa place et gagne le fourgon où Mathias et Blanc m'attendent en compagnie de Tommaso et Kelfiott. Ces deux derniers sont encore *very* somnolents et on les devine parfaitement inoffensifs. Je me dis que jusqu'à présent c'est Mathias qui conduit toute l'opération, grâce à ses petites recettes d'apothicaire. Cette croisière en eaux turques paraît l'amuser follement. Elle rompt avec sa petite vie rateuse du labo et ses prestations maritales à la « tac-tac, bonjour maman, au revoir maman ».

On voit arriver Violette et Béru, bras dessus, bras dessous.

— Nous avons failli attendre ! rouscaillé-je.

— La faute à cette vieille salope de marchande qui eguesigeait une rallonge ! Vieille pute borgne av'c une culotte qui sent l'égout par grosses chaleurs ! Fumière à moustaches ! Crevure qui se charogne ! Dégueulance de hyène malade ! Saloperie vivante !

— Nous étions pourtant convenus d'un prix, elle et moi, dis-je, suffisamment élevé pour qu'elle ne le conteste plus !

— C'est ce dont j'y ai dit ! Mais elle gueulait comme quoi ses saletés de beignets n'étaient point compris d'dans !

— Qu'est-ce que ses beignets ont à voir dans l'affaire ?

Violette éclaire ma lanterne :

— Il les a TOUS mangés, dit-elle.

— J'avais une dent creuse, se justifie le Mammouth.

— Il y en avait beaucoup ? demande Mathias.

— Cent quarante-quatre, annonce le Gravos. Pas de quoi péter une pendule à quartz, hein ?

D'autant que comme dégueulasserie, vous repassesserez ! Tu sais n'avec quoi elle les frit ? D'l'huile de vidange qu'é rachète à un garagiste. Et encore : la s'conde pressée ! Ici, les garacos filtrent l'huile d'vidange, rajoutent un d'mi-litre d'huile neuve par bidon et, ensuite s'l'ment vendent l'produit d'la deuxième vidange aux friteurs en plein air. Tu juges du goût qu'ça donne à leur camelote !

« Enfin, brèfle, j'ai casqué l'prix d'cent beignets plus un rabais d' dix pour cent, à la vieille seringue de merde. Un'espèce de chouette crevée dont j'sus l'seul homme a y avoir palpé la mollusque d'puis la mort d'Atatürk. Y fourrager la babasse, c'est pire qu'malaxer des escarguinches qu'on fait dégorger au gros sel ! Faut vraiment avoir la galanterie ch'villée au corps pour s'lancer dans c'genre d'batifolage ! Mais les gonzesses, é s'rend' pas compte, é croivent qu'ça leur est dû et qu'c'est nous qu'on leur sommes r'd'vab, qu'tout l'bonheur est pour nous, ces vachasses ! Elles s'aperçoiv' pas qu'on biche la gerbe, souvent, à leur faire des mamours approfondies. »

J'ai fait signe à Jérémie de décarrer et nous roulons le long de la rive européenne du Bosphore.

— Qu'a donné l'exploration de l'auto ? demandé-je à Violette.

Elle récite :

— Audi 200 noire, il y a le téléphone à bord. J'ai noté son numéro. Les papiers se trouvaient dans la boîte à gants. Ils sont établis au nom d'une agence de voyages. J'en ai pris également les coordonnées.

— Rien d'autre ?

— Non.

On roule dans un flot qui va s'éclaircissant. Le littoral est bordé de restaurants colorés. Beaucoup de touristes, de marchands de bimbeloterie, un grand nombre de boutiques vendent des fringues de cuir.

— Où allons-nous ? s'inquiète Jérémie.

— Cherche un endroit propice, du genre hôtel pour congés payés sans histoire, un peu à l'écart de ce foutoir. Nous louerons pour dix ou douze jours, ce qui inspire toujours confiance.

— Et grouille, gronde Béru : j'ai faim !

COMME DES CHARTREUX

Souvent, tu ne trouves pas ce que tu cherches. Je me rappelle « des coins où baiser » par exemple... Je suis en chignole en compagnie d'une greluse partante du réchaud. Rase cambrousse. Pas d'hôtel à espérer. Tu veux te rabattre sur la clairière discrète, le chemin creux foncièrement désert, la vieille grange aux trois quarts écroulée, n'importe quel lieu discret où tu pourras dégringoler le collant de la péteuse et dégainer ton gros joufflu. Mais t'as beau errer, virer, emprunter une petite route, foncer vers une ligne d'arbres, t'engager sur des voies à la limite du carrossable, zob ! Tu débouches invariablement dans une cour de ferme, sur des bûcherons au labeur, des ramasseurs de champignons occupés à traquer le bolet, des écoliers qui mercredisent ou un tracteur en maraude. Rien n'est inoccupé dans le monde. Même si tu veux limer ta gerce en plein Sahara, t'as une caravane de Touaregs qui déboulent de derrière une dune avec leurs dromadaires à la con (vaisseau du désert, qu'ils disent).

Eh bien dans notre cas présent, *the luck, my dear !* Le Noirpiot a le pif ! Il va en état d'hypnose, téléguidé par son instinct. Une rue entre un restaurant de fruits de mer et un magasin vendant des canots pneumatiques. Pourquoi l'emprunte-t-il ? Je suis convaincu qu'il ne saurait répondre à cette question si je la lui posais.

Il la suit sur cinq cent cinquante-deux mètres et vingt centimes. Et alors « C'EST LA » ! Un vague établissement baptisé « motel ». *Motel des Bains*, vu qu'il est assez éloigné de la flotte. Figure-toi cinq pavillons cubiques, préfabriqués en fibrociment sculpté dans la masse. Au centre, une maisonnette de guingois, servant « d'office ». Un terre-plein, bordé d'une palissade de cannisses sur trois côtés, sert de parking. Les véhicules y sont rares et pauvrets : une 203 Peugeot déglinguée immatriculée en Bulgarie, une Dedion-Bouton albanaise et une Mercedes de trente ans venant d'Ankara.

Je vais à l'office où je suis reçu en grandes pompes (il chausse du 52) par un géant creux comme un saule pleureur ayant beaucoup pleuré. Il a une grande gueule aplatie, au centre de laquelle un petit radis rose sert de nez. Une bouche immense contient toutes ses économies, à savoir une douzaine de chailles en jonc qu'un plombier avisé lui a habilement confectionnées. Ses cheveux rejetés en arrière dégagent un front bosselé comme un chaudron de terrain vague. L'un de ses yeux est complètement blanc, l'autre fait de la conjonctivite et du strabisme divergent.

J'explique à ce monsieur que nous sommes sept mineurs du Pas-de-Calais venus en vacances à Istanbul pour une quinzaine de jours, que nous ne sommes pas riches et que « est-ce qu'il-nous consenti-rait-des-prix-avantageux » ? Le géant borgne m'assure que nous allons très bien nous

entendre. Il articule une somme en livres turques.
Je lui en contre-propose le tiers et il l'accepte avec
empressement.

Quatre chambres sont alors mises à notre disposi-
tion. Violette, l'unique femme du groupe, en
accapare une ; Béru et Mathias en partagent une
autre ; je choisis Kelfiott pour compagnon, M.
Blanc prend Tommaso avec lui et le compte y est.
Notre fourgon étant bien placardé derrière la
palissade (dans un angle, afin de se trouver mieux
abrité des regards), j'estime que nous allons
pouvoir connaître un instant de répit.

— Ton élixir de tranquillité peut-il être renou-
velé par tacite reconduction ? demandé-je au
Rouquin.

Il a une grimace qui n'enrichit pas son look de
carotte endimanchée.

— Je suppose qu'il serait néfaste d'envisager
des injections répétées, Antoine. Ça risquerait de
leur provoquer des lésions cérébrales.

— En ce cas, il va falloir trouver autre chose
pour neutraliser ces deux tueurs. Les ligoter et les
bâillonner sont des solutions de facilité qui, s'ap-
pliquant à des gars de leur trempe, ne donnent pas
toute garantie.

Le *Red* réfléchit, puis un miraculeux sourire met
du blanc dans son indigo.

— Je possède un autre produit intéressant,
Antoine ! Il s'agit d'un somnifère retard qui peut
les garder une trentaine d'heures endormis. Mais
le hic c'est qu'ils serait inanimés, donc difficiles à
déplacer.

— Je suis preneur tout de même, mon amour.
Mais avant que tu me les déguises en marmottes
hibernantes il est temps de les questionner.

Réunion générale dans mon bungalow : une cellule monacale pourvue d'un lit bas, d'un lavabo et d'un placard de fer rouillé. Violette fait la script, armée d'un bloc de papier. Béru s'est chargé de la bouffe et deux sacs de victuailles, emplis jusqu'aux anses, nous proposent une quantité de mets dus au choix de notre boulimique compagnon.

Tandis que nous clapons, je questionne les deux tueurs sur le mode badin de la conversation de table. Le *Silverstein BK* est une petite merveille qui délie les langues et bannit toute cachotterie. Leur histoire est plaisante, à ces deux-là. Touchante, presque. Boris Kelfiott est sujet bulgare. Etudiant en médecine, il a poursuivi ses études en Allemagne. Idéaliste de gauche, il a tout plaqué pour suivre un entraînement de terroriste en Libye. Au début de ses sanglantes activités, il travaillait pour la Ligue Arabe.

Un jour qu'il se trouvait à Londres afin d'y préparer un attentat, un grand type hâve a tenté de le soulager de son portefeuille dans les couloirs du métro. Il n'était pas très psychologue car, s'attaquer à Kelfiott, relevait du suicide. Boris l'a neutralisé en deux coups les gros et, voulant savoir si Tommaso travaillait en franc-tireur ou pour le compte d'une organisation lancée à ses trousses, voire de la Police, il est allé le « questionner » dans un coin tranquille. Il a découvert un voyou de bas étage, dont les mœurs correspondaient aux siennes. Coup de foudre ! Ils se sont mis en ménage, Kelfiott a « dressé » Tommaso et ils ont entrepris de travailler pour leur compte en qualité de tueurs à gages. Délicate occupation, mais bien rémunérée et qui laisse des loisirs.

Très vite, Kelfiott s'est constitué un portefeuille de clients importants. Se méfiant des amateurs, il a préféré œuvrer pour le compte des grandes organisations, des multinationales, voire certains Etats.

L'affaire « Cousin frileux » lui a été commandée par le K.K.O. Cho japonais. Affaire d'une extrême urgence qu'il a dû préparer en catastrophe, chose qu'il déteste. Mais devant la somme proposée (un million et demi de dollars), il a accepté le contrat. Ils avaient le signalement de Lord Kouettmoll et l'ont attendu à l'arrivée du vol Tokyo-Paris. Ils savaient que l'homme enchaînait sur le Paris-Athènes, aussi ont-ils pris des places sur Paris-Istanbul qui partait presque en même temps et l'ont-ils « traité » sur le tapis roulant conduisant aux satellites d'embarquement. Par mesure de sécurité, ils ont retenu une chambre chez Lady Fog, manière de se mettre pendant quelque temps à l'abri d'éventuelles retombées.

Nous festoyons gaiement, eux et nous. Mathias surveille sa montre. Au dessert, il sort une nouvelle boîte mystérieuse de ses poches miracle et ordonne aux deux pédoques du crime de retrousser leurs manches. Ils obtempèrent avec une passivité qui les fera bougrement renauder quand on leur racontera ça plus tard. Clic à Tommaso, clic à Kelfiott, et voilà ces deux chérubins qui dodelinent. On les fait étendre sur un pucier. Bonsoir, les petits !

— Je vais prévenir le Vieux, annoncé-je.

— Tu ne lui téléphones pas d'ici ? s'étonne M. Blanc.

— Non, je préfère aller au consulat, c'est plus prudent. Surveillez étroitement les deux tourtereaux : ils ont beau avoir pris du sirop de roupille, je me méfie d'eux.

— Faut que j'vais t'accompagner, décide brusquement le Mastar.

— Pourquoi ?

— J'croive qu'j'ai b'soin d'voir un docteur pour ma main.

— Qu'est-ce qu'elle a, ta main ?

Nous n'avions pas pris garde qu'il était devenu gaucher, Béru. En geignant, il tire de sous la table une dextre grosse comme une tortue de mer, violacée, tuméfiée, sanguinolente, frangée d'une affreuse écume blanche. Nous nous récrions en découvrant cette abomination.

— Mais que t'est-il arrivé, Alexandre-Benoît ?

— J'm'ai blessé en tirant une cacahuète au bouc du gonzier à la chemisette blanche. J'étais si tell'ment en rogne qu'j'ai mis l'turbo ! Charrrogne ! J'ai cru qu' mon bras m'rentrait dans l'poitrail ! D'puis, c'bobo me fait un mal d'chien.

— Viens ! on demandera au consul d'appeler son toubib.

Et nous partons. Je surprends Jérémie et Violette en train d'échanger un long regard.

Bonne bourre !

Au moment précis où nous tournons le coin de l'avenue où réside le consul de France (et départements d'Outre-Mer), voilà qu'une Coccinelle décapotable blanche, où s'est empilé un essaim de jolies filles nous coupe la route délibérément. Je freine à en perforer ma semelle, mais trop tard : j'emplâtre l'aile arrière gauche de leur tire ! Les donzelles sont durement chahutées ; l'une d'elle passe même par-dessus le bastingage, sans dom-

mage car elle se relève toute seule. J'enrage !
J'avais bien besoin de ça !

Furax, je descends de mon fourgon pour aller
les apostropher. Elles sont sept ! Tu te rends
compte ! Dans une Volkswagen. Deux Euro-
péennes, quatre musulmanes, une Asiatique !

— Non mais, ça ne va pas les têtes ! protesté-je.
Vous êtes dingues de rouler si nombreuses dans
cette petite voiture ; à preuve, vous en perdez le
contrôle ! Je suis pressé, moi, j'ai pas le temps de
faire un constat !

L'une d'elles (Européenne) me répond dans un
anglais si parfait que ça doit être sa langue
maternelle, si tant est qu'on puisse donner ce doux
qualificatif à la langue britannique.

— Navrée, fait-elle. Tout est ma faute.

Une femme qui fait amende honorable, voilà
qui t'endigue illico les humeurs ; c'est si rare !
« Elles » ont tellement le parti pris d'avoir raison,
n'importe l'évidence de leur culpabilité !

Elle mate mon pare-chocs.

— Vous n'avez pas grand-chose, vous, remar-
que-t-elle. Aidez-nous à ranger notre voiture le
long du trottoir et conduisez-nous jusqu'à l'univer-
sité. Je téléphonerai pour qu'on vienne dépanner
ma voiture.

J'hésite. Mais après tout, je peux bien consacrer
quelques minutes supplémentaires à ces jeunes
écervelées, du moment qu'elles me font grâce de
la paperasserie habituelle.

Je leur remise la Coccinelle et les invite à
grimper dans ma bétaillère.

— Salut, l'beau linge ! lance le Mammouth,
émoustillé malgré sa main qui a quadruplé de
volume.

Il se fait rouler les lotos et salive façon boxer reniflant une chienne en chasse.

— Putain ! Ce cheptel ! C'est la malle céleste, Tonio ! Les Poubelles Girls en déplacement, ou quoive ?

Galamment, il a abandonné sa place auprès de moi à l'une des frivoles : l'Asiate.

— Indiquez-moi le chemin de l'université, dis-je à cette dernière.

— En fait, répond-elle, nous allons un peu plus loin. Vous allez devoir traverser le pont sur le Bosphore pour prendre ensuite la route d'Eski-sehir.

— Hé ! doucement, les filles ! Il n'en est pas question ! Vous êtes en train de me chambrer ! Je vous répète que je suis pressé et je n'ai pas le temps d'organiser des circuits touristiques.

Toutes les sept éclatent de rire, comme des péronnelles qui viennent de faire une blague à leur professeur de piano.

— Ne rigolez pas, bougonné-je, je suis sérieux.

— Nous le sommes aussi, assure la Chinoise.

— T'as vu c'qu' j' voye ? me demande le Gravos.

Je risque un œil dans le rétroviseur central et ce que je crois y apercevoir m'incite à freiner pour mieux regarder. Je constate alors que les sept filles (je dis bien : les sept) tiennent chacune un pistolet à la main dont les canons convergent sur nos personnes (quatre sont consacrés au Dodu, trois à moi). Dès lors, étant homme de déduction, je conclus que l'accident était voulu et que ce coup de main féminin a été réalisé avec grâce et souplesse par sept jeunes femelles qui n'ont pas plus froid aux yeux qu'ailleurs.

Imperturbable, je murmure :

— Ça consiste en quoi, mesdemoiselles ? Ne me répondez pas qu'il s'agit d'un double kidnapping, j'aurais trop honte !

— Et pourtant, excepté deux ou trois synonymes, je ne vois pas d'autres mots pour qualifier ce que nous sommes en train de faire, répond l'Asiatique.

— Que nous voulez-vous ?

— Ce n'est pas à nous de vous l'apprendre ; notre rôle consiste seulement à vous convoyer à bon port.

Ma pomme, illico de phosphorer pour définir le moyen le plus astucieux de nous arracher de cette béchamel, très nouvelle cuisine.

Mon Valeureux en fait autant de son côté et me livre, en argot, les fruits de sa réflexion, lesquels ressemblent aux miens comme une paire de couilles ressemble à deux testicules.

— Pas dif', mec. Dès qu't'avise un drauper dans l'panorama, t'embugnes un arb' ou n'importe quoi. Ces connasses osereront pas nous zinguer au vuse et au suce d'un poulardin !

La Chinoise m'estomaque. Non seulement elle jaspine le franchouille, mais elle en connaît également les dérivés.

— Si vous tentiez quelque chose de ce genre, nous vous abattrions illico, mes drôlets, et nous n'aurions aucun mal à retourner la situasse en notre faveur : vous avez délibérément percuté notre tire, tout à l'heure. Ensuite, vous nous avez proposé de nous conduire à notre destination. Mais une fois à bord, vous avez sorti des armes et nous avez menacées. Dans le choc, les flingues du gros sac-à-merde sont tombés, nous nous sommes

précipitées pour les ramasser et nous nous en
sommes servies en état de légitime défense. Ce
scénario vous paraît-il plausible ?

— Nous vous menacions avec SEPT pistolets ?
gouaillé-je miséreusement.

— Nous en jetterons cinq dans le caisson placé
sous le siège arrière, qui constitueraient, du coup,
votre arsenal de réserve, fait la Chinetoque (ou
assimilée) d'un ton léger. Non, croyez-moi,
commissaire, le mieux que vous ayez à faire, c'est
de nous obéir. Cela dit, si vous nourrissez le
moindre doute sur notre détermination, nous
allons avec plaisir faire exploser un genou de
votre gros lard, voire les deux.

— Inutile, mes chéries, je vous fais confiance !
Elle sourit.

— J'enregistre. Alors conduisez normalement,
en suivant mes indications.

— C'est vous le chef ? lui demandé-je.

— C'est moi qui parle français, élude-t-elle.

Ce qui me turlupe, c'est qu'elle m'ait appelé
« commissaire ». Ces garces savent par consé-
quent qui nous sommes.

— Pour le compte de qui travaillez-vous, douce
Fleur-de-Thé ?

— Pas de questions ! coupe-t-elle sèchement.
Béru se met à entonner : *Nuit de Chine nuit
câline nuit d'amour…* Bel organe qui évoque un
Yvan Rébroff ayant éclusé deux litres de vodka
pour soigner une angine. Puis il se tait et déclare :

— Flingues ou pas flingues, c'est mieux d'être
rapté par des jolies gonzesses plutôt que par de
vilains malabars. T'sais qu'en a deux trois dans
l'lot dont je leur ferais volontiers leur fiesta,

Tonio ? J'te prends la courtaude moustachue à la
robe blanche brodée, é doit avoir une cressonnière
luxurieuse qui m'inspirerait. Comment j't'y déga-
gerais les moustaches et les babines pour lu
déguster son bouton de rose.

« Tu croives qu'ell' est turque, c'te princesse ?
Hein, dites, Miss Soleil-Levant, la brunette qu'a l'
pot d'échappement au ras du gazon, elle est
turque, ou quoi ? Si v'v'lez t'êt' ma traductrice,
dites-y qu'je lu f'rais des bricoles inoubliab',
comme jamais qu'j'la mets au défi d'pas app'ler sa
mère pendant l'opération. »

— Arrêtez vos saloperies, grommelle l'Asiati-
que. Vous, alors, vous n'êtes pas français pour rien !

— Hé ! dites, Miss Caramel-au-lait, insultez pas
la France, j'vous prille. Chez nous, on est en vie et
on l'prouve ! Vous aut', les canaris, av'c vos
ziquettes de bébés atrophiés, tout c' qu' v's'êtes
capab', c'est d'vous r'produire. Et encore
j'm'd'mande si c'est pas par l' séminaire artificiel
qu'ça s'opère ! J'voudrais vous grimper qu'ça fonc-
tionnererait pas. Vous d'vez avoir une pastille pas
plus large qu'une pièce de cinquante centimes. On
a dû vous déberlinguer av'c un compte-gouttes
après un bain d'siège prolongé d'huile d'olive !

La Jaune ne répond pas et le Mahousse conti-
nue de déverser sa litanie érotique jusqu'à ce que
nous parvenions à destination.

Drôle de destination, en vérité. Pour le moins
surprenante.

Je m'attendais à bien des choses, voire même à
tout. Mais pas à cela. Je ne te fais pas languir
davantage : un monastère. Byzantin. Il se dresse
sur un promontoire planté d'oliviers aux feuillages
d'argent vieilli et aux troncs noueux. Il est blanc

crayeux, avec des mosaïques bigarrées qui étincellent au soleil. Un écriteau annonce en anglais : « Sœurs de la Contraception Contemplative ». La Chinoise m'invite à m'arrêter devant un large portail de bois à doubles battants. Elle descend du fourgon et va sonner. Un grand judas grillagé s'ouvre ; je ne distingue rien du museau qui apparaît alors de l'autre côté, toujours est-il que le portail ne tarde pas à s'ouvrir en grand. L'Asiatique me fait signe d'entrer. Je pénètre dans un cloître aux colonnes graciles, pavé de bonnes intentions et de pierres roses. Au centre dudit se dresse une fontaine ouvragée dont le double filet d'eau glougloute menu, créant un doux bruit céleste. On voit déambuler des religieuses aux robes de bure blanches et noires qui les font ressembler à des hirondelles.

— Si j'm'serais attendu ! soupire Béru en défrimant les saintes filles qui vont l'amble, un livre de prières entre leurs mains pucelées.

La Jaunette me fait parquer le fourgon dans un recoin jouxtant les cuisines du monastère (des odeurs de frigousse ne laissent pas d'équivoque).

Tout le monde descend. Le portail s'est refermé. Notre venue n'a pas perturbé la sérénité des lieux et aucune des religieuses n'a relevé le nez pour nous regarder. Les sept intrépides jeunes filles (qui semblent échappées d'une collection de bouquins pour la jeunesse) nous ordonnent de les suivre. Et on leur emboîte le pas en regardant onduler leurs charmants postères. Je me demande à quoi rime ce patacaisse (1). On emprunte une

_____

(1) Que je continuerai d'écrire « patacaisse » et non « pataquès » comme le voudrait ce vieux gringrin de mes fesses qui perd son temps et ses timbres à nous écrire à ce

porte basse, on suit un long couloir blanchi à la chaux de Pise, on grimpe quatre marches de pierre et nous voici-voilà dans une pièce voûtée, carrée, dont l'unique fenêtre, pourvue de barreaux, donne sur le cloître.

Il s'agit d'un local conçu pour des réunions. Il est vaste, meublé d'une immense table et d'une cohorte de sièges plutôt rudes qui n'ont pas été réalisés par un ébéniste souffrant d'hémorroïdes pernicieuses car le gus qui paume ses légumes et qui s'assoit là-dessus doit se mettre à chialer au bout de pas longtemps.

Au mur, une tapisserie byzantine représente l'invasion de l'Anatolie par les Seldjoukides. Dans le mur d'en face, un guichet est pratiqué, qui doit, si mon sens de l'orientation n'a pas déposé son bilan, donner sur les cuisines. Il est aveuglé par un volet de gros bois dans lequel on a planté une quantité d'énormes clous dont les pointes acérées sont dardées sur l'intérieur de la pièce.

— Vous serez bien pour attendre ici, nous déclare la Chinoise ; il fait frais.

— Nous devrons attendre longtemps ? demandé-je.

— Je ne peux vous le dire.

— Attendre qui ? bougonne le Gravos.

— Je l'ignore également.

Le Mastar montre son poing qui devient de plus en plus laid.

— Parmi les saintes r'ligieuses dont j'viens

---

propos, alors que les deux orthographes sont admises et que tel est mon bon plaisir !

San-A.

d'aperc'voir, y en aurait pas une qu'aurait fait médecine ? Matez un peu ma paluche !

La Chinoise regarde et se concerte avec les autres. Chuchotements.

— Je vais essayer de trouver quelqu'un, promet-elle. Avez-vous soif ?

— Toujours ! s'empresse Bérurier.

— Que voulez-vous ? Du thé ?

— Du vin.

Notre geôlière va presser un timbre qui se confond dans la moulure entourant le guichet. Le volet s'écarte, un visage de religieuse se montre. La Chinoise réclame du vin et deux verres. On lui passe un grand pichet et deux petits bols de grès.

— Voilà, dit-elle.

— C'est la bonne crèche, dit le Gros. Traité commak, j'inaugure bien du séjour.

Il goûte le pichtegorne en faisant miauler une goulée entre ses joues culières.

— C'est du p'tit picrate de cureton, déclare-t-il. Y n'ferait pas d'mal à un' mouche ; mais il a un petit goût marrant. Tu n'trouves pas, grand ?

Je bois et recrache.

En comparaison de ce breuvage, l'éponge imbibée de vinaigre tendue à Notre Seigneur sur Sa croix avait dû être trempée dans du sirop d'orgeat.

— T'es snob, soupire Alexandre-Benoît en s'emparant de ma bolée.

Les septs kidnappeuses sont parties. Elles ont tiré des verrous et maintenant c'est le silence.

Nous nous asseyons à la grande table, face à face.

L'ÂGE D'ORAISONS

Pas désemparé, l'Antoine. Intrigué. Tu ne peux te laisser aller au pessimisme quand tu as un écheveau de questions filandreuses à résoudre. En y gambergeant de près, je me dis que les sept péteuses nous guettaient aux abords du consulat de France. Donc nous étions déjà retapissés avec notre fourgon. Je vois se dessiner l'historiette ci-après.

Des mecs qui s'intéressent à nous n'ont pas été dupes de notre « décès » et ont mis quelqu'un en faction devant le consulat. Qui ? Je te parie mes dents de devant contre tes feux arrière, que c'était le julot à la chemisette blanche dont Béru a fait sauter les plombages, les maxillaires et, probablement, l'extrait de naissance, d'un unique coup de poing. Ce mec n'a suivi Lady Fog que parce qu'il a pensé qu'elle allait nous rejoindre ; et peut-être que non : il venait simplement voir ce que nous mijotions dans notre putain de fourgon, peu importe. Comme il n'a donné aucun signe de vie à ses patrons et que sa tire vide stationnait près du *Windsor Lodge,* ceux-ci en ont déduit qu'il avait eu un problème. Ayant perdu notre trace, ils sont revenus nous tendre une... souricière (c'est le cas de le dire, puisqu'ils ont employé des souris) à notre point de départ : le consulat.

Si cette hypothèse est conforme à la vérité, les gens en question ignorent tout de notre retraite, ou plutôt de celle de nos copains et de nos partenaires. J'enrage de ne pouvoir tubophoner au Vieux pour lui indiquer que la « marchandise » est à la disposition du Foreign Office. A lui d'en prendre possession !

Des chants religieux nous parviennent par la fenêtre ouverte, en provenance de la chapelle, sans doute. Curieuse geôle que la nôtre. D'ordinaire, quand je vis ce genre de mésaventure, on me flanque, enchaîné, dans quelque cul-de-basse-fosse bien noir et bien sordide. Or, là, nous attendons dans un grand local clair que baigne une paix monacale.

J'entends grincer les verrous. La lourde porte s'écarte et une sœur infirmière, de blanc vêtue entre, tenant du matériel sanitaire à deux mains. C'est une femme âgée, très ridée, peau brune, regard sombre, bouche en boutonnière de pardingue. Elle pue l'éther et la vieillesse. Deux autres religieuses l'escortent. Quelle n'est pas ma stupeur de découvrir, sous l'habit, la Chinoise et l'une des deux Européennes de naguère.

— Vous faites un numéro à transformation ! gouaillé-je. On se croirait au Casino de Paris !

La Jaune, qui tient chacune de ses mains engagée dans la manche d'en face, retire l'une d'elles pour me montrer son pistolet (du 9 mm, s'il vous plaît ! le calibre de la femme sérieuse !).

— Cet ornement sacerdotal complète bien votre tenue, ma sœur, dis-je avec un sourire miséricordiable.

La vioque est au charbon sur la moche palu-
che de Béru. Elle a eu une grimace expressive
en l'apercevant. Déjà, elle l'a placée au-dessus
d'une cuvette émaillée et l'arrose d'alcool. Sa
Majesté ne bronche pas. L'infirmière tire des
besicles de sa poche et les ajuste sur son tarbouif
pointu. Après quoi, elle biche de longues pinces
qu'elle désinfecte à l'alcool et se met à touil-
ler l'horrible tuméfaction. Là, le Mastodonte
libère un frémissement de pachyderme touché
par une balle en un point non vital de sa géogra-
phie.

La daronne a son bout de pif à deux centimètres
de la plaie, biscotte une myopie de grande magni-
tude. Elle respire fort, à cause de sa concentra-
tion.

— Ell' m' chatouille, rigole Béru. Ça m'rap-
pelle une gonzesse qu'j'aye eue à l'époque
qu'j'faisais gardien d'la paix. E' m'soufflait su' l'
gland après avoir bu du thé très chaud. Une dame
d'la haute : charcutière dans l'seizième. E portait
une combinaison d'satin rose qui m'agaçait les
ongles. Maâme Verpillère, é s'app'lait. Une paire
d'doudounes dont j'ai jamais r'trouvé les mêmes ;
j'm'en goinfrais, ma sœur, si j'vous disais. Moi, sa
moitié d'en haut m'suffisait. Des loloches
d'c't'ampleur, on en avait pour tout le véquende à
leur faire la connaissance. Une chose qu'elle
raffolait, ma sœur... Vous me croirerez si vous
voudriez, c'tait qu' j'y pète su' les cabochons. J'ai
jamais bien pigé l'bonheur qu'ell' pouvait en
r'tirer ; mais le gazeux, ça la fascinait, Maâme
Verpillère. Houille, là vous m'faites mal, la
mère ! Faudrait pas confond' soins et sadiquerie !

Non mais, tu voyes, Sana, la manière qu'c'te vieille morue me gambade dans la plaie av'c ses pinces ?

L'infirmière continue son exploration inexorable un moment encore, nonobstant les invectives du blessé. Enfin, elle pousse une exclamation de victoire et de surprise et ramène au bout de ses pinces un objet de faible volume, blanc et rouge, qu'elle dépose dans la cuvette.

Nous nous penchons.

Une dent !

En fracassant la mâchoire de l'homme à la chemisette blanche, le Terrible s'est planté l'une de ses ratiches entre deux phalanges.

— *Again !* annonce la mère infirmière.

Encore !

Elle retourne à la pêche.

Ça fait songer à un accouchement d'avant l'échographie, quand les braves sages-femmes s'apercevaient que le polichinelle n'était pas seul.

Triomphalement, elle ramène une deuxième chaille, puis une troisième. Cette fois c'est tout.

— T'es vachement contondant quand tu t'y mets, complimenté-je.

— Et encore, déclare Béru, dans c'fourgon, j'avais pas mes zaises. Avec élan, j'l'étêtais, ce veau ! Ça y apprendra. T'as vu l'coup d' genouxe qu'y m'a virgulé dans les frangines !

Il se penche sur les trois dents : deux incisives et une canine cariées.

— Pas étonnant qu'j'm'infectasse, il avait des croqueuses daubées, note l'Enflé. J'vous r'mercille pour vos soins allumés, ma mère. Oui, filez-moi z'encore une giclée d'décapant su' la plaie,

histoire d'çarboniser les microbes. Qu'est-ce que
c'te poudre blanche ?

— Probablement des sulfamides, émets-je.

— Sulfamines mon cul ! déclare Glandoche en
soufflant sur sa main enfarinée. Chez nous aut',
les Bérurier, lorsqu'on avait une plaie, on allait
chercher la boutanche d'calva, on commençait par
s'en enfoncer une bonne lampée et n'ensute, on
arrosesait la blessure. Deux jours plus tard, c'tait
guéri !

La religieuse ne prend pas garde à son beau dis-
cours et se retire avec son matériel de secouriste.

La Chinoise lui crie quelque chose, et la vieille
actionne les verrous à l'extérieur, enfermant du
coup les deux souris avec nous.

— C'est gentil de nous tenir compagnie, dis-je à
ces dernières.

La fille qui escorte l'Asiatique, une Anglaise
très probablement, prend la parole.

— Nous venons de recevoir des instructions à
votre sujet, commence-t-elle d'un ton grave.

Je la fixe avec intérêt. Elle possède un sérieux
qui me frappe. Une fille de caractère. Jusqu'alors,
elle ne s'est pas manifestée pendant le coup de
main, laissant l'initiative à sa camarade asiate ;
mais maintenant, je pige que c'est elle le cerveau
de ce commando de femelles.

— Et quelles sont-elles, ma sœur ?

Elle vient s'asseoir en face de moi. La large
table nous sépare. Elle y dépose son pistolet, hors
de ma portée.

— Vous êtes officier de police à Paris, dit-elle.
On vous a chargé d'enquêter sur l'assassinat d'un
ressortissant britannique, Lord Kouettmoll. Ce
meurtre a été commis sur le tapis roulant d'un

aéroport par l'injection d'un poison à effet instantané, genre curare. Vos investigations, rondement menées, vous ont permis de conclure que le meurtrier, son forfait accompli, a pris le vol pour Istanbul. Vous vous êtes aussitôt embarqué pour la Turquie et il semblerait que vous ayez trouvé ici l'individu en question et que vous vous soyez assuré de sa personne avec l'assistance d'autres inspecteurs français arrivés en renfort, parmis lesquels ce gros homme qui vous accompagne. Tout cela est-il exact ?

Je regarde Béru. Le Gros est fasciné par le pistolet posé sur la large table. Il plante ses yeux sanguinolents dans les miens et je déchiffre sans mal le message qu'ils contiennent. J'adore décoder. Il dit à peu près ceci : « Tonio, cette grognasse a eu tort de lâcher sa pétoire. Il faut que tu t'empares parce que c'est toi le plus près. Je vais faire quelque chose pour détourner l'attention de ces péronnelles. Quoi ? Je n'en ai pas la moindre idée, mais je sais que ça va viendre. Ça vient toujours quand j'l'veuille. Alors, tiens-toi prêt, mon gamin. »

Mon regard lui répond : « Votre appel a été enregistré et vous serez réveillé à l'heure désirée. »

Je me consacre à ma terlocutrice. Tu sais qu'elle est pas mal du tout ! Longue, mince, des lotos vert amande, des loloches comme deux pommes vertes sous la robe de burne (Béru dixit). Une bouche dont l'ami Popaul souhaiterait se faire un collier ! Le lot de toute première qualité ? C'est frais comme de l'huître récoltée du matin ! A gober d'urgence !

— Ma révérende, soupiré-je, il est en effet exact que j'appartiens à la Police française. Mais là se borneront mes aveux, car je n'ai de compte à rendre qu'à mes supérieurs.

Le Mastoc a les sourcils joints, des rides plus grosses que les soufflets d'un accordéon et le regard d'un chat constipé s'efforçant dans de la braise. Il continue de chercher quelle astuce va lui permettre de feinter les deux sœurs. Ça tarde à euréker sous sa coupole.

— Monsieur le commissaire, reprend la fille, vous êtes dans une posture qui ne vous permet guère de jouer les policiers à cheval sur les principes.

— Ma chère sœur, l'état de policier équivaut à une philosophie. Je suis de ces utopistes qui sont entrés dans la Police comme vous êtes entrée en religion.

Béru a un bâillement profond comme un tombeau, destiné, je le réalise illico, à mobiliser mon attention.

— Sana, dit-il, et si je montrais à ces gentilles demoiselles mon *paysage audiovisuel français ?*

. — Ce serait très incorrect, dis-je, mais susceptible de les intéresser.

Alexandre-Benoît cligne de l'œil. Puis, de sa main gauche, dégrafe son rideau de scène et va chercher dans d'indicibles abysses la trompe à plusieurs usages qui l'empêchera toujours de se déguiser en femme.

Les deux gonzesses, médusées au départ par cette paillardise inattendue, finissent par la cadrer d'un air abasourdi.

— Mes chéries, commente le Gros, qui entreprend séance tenante une visite organisée des lieux, avez-vous-t-il déjà vu un ovni d'c' calib' ? Et encore, j'vous exobe l'monstre endormi. Mais laissez-moi une minute pour penser à des trucs salingues et vous aurez alors un aperçu franc et massif du plus *big* chibre d'France, si on exc'pterait çui à M'sieur Félix, un copain à nous. Bougez pas : ça va viendre !

Il se recueille, yeux fermés et profère à mi-voix ses stimulances :

— Moui..., la chatte à Maâme Montbovon, la boiteuse... J'sus t'entré chez elle du temps qu'elle raccrochait les rideaux qu'é v'nait de repasser... E n'portait pas de culotte et l'avait r'troussé sa jupe étroite pour pouvoir grimper son escabeau...

Le souffle du Gros se fait ronfleur, sa voix témoigne d'une émotion rétrospective, sa formidable queue également. L'engin commence à se dilater, telle l'enveloppe d'un aérostat sous l'effet de sa soufflerie. Les deux chères petites regardent... Chinoise, Anglaise : même combat (même con bas). Du jamais vu ! Sous leurs yeux s'accomplit en gros plan, le phénomène sacré de la bandaison, ce miracle du ciel, cette grâce infinie accordée à nous autres mâles par un Seigneur compatissant qui a toutes les bontés pour Ses créatures.

En semi-transe, le Terrific poursuit l'hallucination de son braque.

— On lu voiliait la touffe, Maâme Montbovon : une chouette salade frisée, noire comm' si elle s'rait été en estragon ! Et son cul, pou' vous l'raconter, faudrait êt' Victor Hugo ! Des miches pareilles, y a eu qu'la fille Marchandise, jadis. Et puis Célestine Hurlerat, la couturière d'maman, Maâme Finette, not' bouchère et Ninette Oraison, la femme des pompes funèb' d'mon quartier ; plus ma Berthe, videmment ! Il plissait sur ses jam-

bons, son cul, Maâme Montbovon, ça f'sait comm'
des vagues d'viande, irrésistib'.

« J'mai approché sû' la pointe des nougats. E
fredonnait *Rêve d' valse,* j'me rappelle. L'avait les
bras l'vés pour t'nir la tring'. J'ai pigé qu'é pouvait
pas changer d'position. Alors v'là que je frétille
d'la menteuse et qu' je m'mets à lui fignoler feuille
de rose. La surprise ! Ce cri ! L'a failli désescaber,
la pauvre. Faut dire que boiteuse à ce point,
l'équilib' est pas fastoche à maint'nir. Elle protes-
tait, mais moi j'l'ouvrais les portes d'son bahut et
j'y allais franco su' l'œil d'bronze. J'ai toujours
raffolé de feuille de rose. Bien sûr, faut pas
s'lancer sans connaît' la personne, qu'on peut
avoir des mauvaises surprises. Ça, c'est comme
l'andouillette ou la politique, ça a vite fait d't'é-
cœurer quand c'est pas net ! Dieu de Dieu, j' m'y
croive d'en causer ! Regardez le guignol, comme y
pavane ! Se monte du col roulé, l'apôtre !

« Ces dames m'ont l'air hypnotisées. En tétar-
gie ! Va falloir passer la serpillière. M'sieur l'An-
tonio a pas z'eu à s'casser le bol pour s' couer la
rapière d'l'Angliche. L'v'là qui braque la Chin'to-
que sans même qu'é s'en aperçusse. Bon, envoi-
liez un baiser au gros chérubin rose, mes sœurs,
on va l'mett' coucouche panier, à moins qu' vous
soiliez tentées par un' p'tite dégustation espresse ?
Y l'accepte les dons en nature. La tringue, j'ose
pas vous la proposer, ça vous écarquillerait d' trop
la moniche. Ou alors, faudrait que vous ôtassiez
vos fringues qui servent d'autales, biscotte j'ai
trop d'religion, chez nous aut' les Bérurier, pour
emplâtrer une religieuse, même qu'é s'rait bidon.
On n'est pas des punaises de confessionnal, mais

on respecte l'Eglise qu'est, qu'on le voulions ou pas, notre mère aînée à tous. »

Il remise à grand-peine son marteau-piqueur dans son étui. Les deux amazones en robe de bure semblent sortir d'un songe. L'Anglaise cherche sa seringue à répétition et la découvre dans les reins de sa copine où je la maintiens d'un poignet sûr. Béru vient cueillir celle de la Chinoise qui ne fait aucune difficulté pour la lui abandonner.

D'un geste déterminé, il va ensuite appuyer sur le timbre d'appel placé sous le guichet. Une femme moustachue, au regard sombre, affublée d'une verrue nasale plus grosse qu'un dé à coudre fait jouer le volet à clous. Le Gros brandit son arme.

— Calmos ! jette-t-il, car il pratique couramment l'espéranto.

La cuisinière paraît terrorisée. Sa Majesté se croit autorisée à prendre le commandement du coup de main.

— Vu mon bon point, j'peux pas espérer passer par c't'ouverture, déclare le Tentaculaire, mais toi, si, Tonio. N'ensute tu f'ras le tour et tu viendras m'ouvrir. Oublille pas d'r'fermer le guichet une fois d'l'aut' côté !

N'envisageant aucun plan de meilleure qualité, je souscris au sien, passe dans la cuisine, déserte à cette heure, si l'on excepte la vioque à la verrue, referme le panneau clouté et ordonne, du geste, à la personne de m'accompagner. Un geste est toujours convaincant quand il est terminé par un pistolet noir de fort calibre.

Je m'oriente. Porte à droite, couloir... Je tire les verrous.

Il ne faut jamais s'étonner de rien avec Messire

Queue-d'âne. Je le retrouve assis sur la table, jambes ouvertes, son « paysage audiovisuel français » de nouveau sorti. L'Anglaise est en train de le déguster de première en glottant d'aise. Obéissant aux exigences du surmembré, elle a posé sa robe et s'est agenouillée dessus. La Chinoise regarde tandis que mon pote lui fourrage la boutonnière d'un médius autoritaire.

— C'est elles qu'a voulu, m'explique-t-il. J'croive que mon braque, é s'en remettront jamais d'l'avoir vu. E n'avaient pas imaginé que ça puve éguesister. La damenation, c'est l'cadet d'leur souci. Vise un peu la Britiche, la manière qu'é m' démembrane le Pollux ! Douc'ment, Miss ! Rentre un peu ta râteleuse, qu'tu vas m'irriter la tronche d'nœud ! Ces Britiches, même quand é sont choucardes, faut qu'é s'trimbalent des dents d'd'vant pareilles à un râteau d'croupier !

« Eh, dis, t'as maté la Chinetoque, la façon qu'j' l'aye dorcée av'c ses grands airs supérieurs ? J'lu maginais une moulasse étriquée, mais elle a dû se faire ench'tiber par des Cosaques car sa gaufrette est quasi quasiment normale. J'y glisse deux doigts à l'aise, Blaise ! Et même... »

Il se concentre, s'active avec un regain d'énergie sous la jupe de l'Asiate...

— Trois ! exulte mon Valeureux. Trois ! Tu peux vérifier ! Une gonzesse capab' d' se faire loger trois d'mes salsifis peut aller pêcher le chibre la tête haute ! Du temps que Mam'selle Miss me termine, tu d'vrais couper le fil d'la sonnette. Tonio, afin qu'ces deux pétasses ne puissassent pas carillonner quant t'est-ce on s'ra partis. Et maint'nant j'cause plus, manière d'me concentrer à bloc. J'sens qu'la gourmande va en avoir pour

son argent ! Allez, fissa ! J'vas r'penser à Maâme
Montbovon pour m' conditionner l'gourdin. La
manière qu'j' l'avais bien grumé la molette su' son
escabeau. Qu'elle pâmait, la chérie, cramponnée à
sa tringle à rideau. Comprenant qu'elle allait
basculer d'un jour à l'aut', j'l'ai fait descendre et
l'aye étendue su' la moquette.

« — On va faire soixante-neuf ! » j'y ai
proposé.

« La pauvrette, son mari était sacristain, ell'
ignorait ce don de quoi il s'agissait. J'y ai espliqué
et nous v'là tête-bêche à se pourlécher l'glandu-
laire austral, comme dit M'sieur Félix. J'm'rap-
pelle qu'c'midi-là, j'avais clapé un haricot de
mouton. En plein ébat, j'peux plus m'r'tenir et j'y
craque une louise en pleine poire. Elle avait pas
l'habitude qu'on lu pète dans la gueule, Maâme
Montbovon. Ça l'a froissée.

« — 69, merci bien ! elle a dit. Si les 68 autres
doivent être comme ça, je préfère qu'on en reste
là ! »

« Pour lui calmer la rancune, je m'ai grouillé de
l'embroquer. Putain, c'te troussée géante ! Et ce
pied qu'on a pris simultanément. Un des plus forts
souv'nirs d'ma vie textuelle ! Si son con d'époux
s'rait pas entré à l'improvise su' ces entrefesses,
j'l'aurais fait rebelote. Mais y m'a viré, c'malgra-
cieux ! J'aurais pu l'dérouiller, notez, j'étais assez
fort, mais lorsqu'on a quatorze ans on n'ose pas
tabasser les adultes, surtout quand y sont marguil-
liers. Oh ! j'sens qu'on va vers la gagne, Miss !
Pousse les feux, ma grande ! *Go ! Go !* Couic !
Must rapidely, plize ! Tu vas t'êt' livrée à domicile,
salope ! Commence à respirer par le nez, j'ar-
riiiiive ! »

Bérurier remise son zeppelin non encore dégon-
flé et nous partons.

Les trois saintes femmes ont des attitudes de
vitrail du quatorzième.

D'accord, je suis cru.

Je suis cru, pour être cru (du verbe croire).
Barbotant dans cette vie grise, je n'ai envie que
d'énormités. Dans la fanfare littéraire, je tiens la
grosse caisse. Elle est mon véritable ventre et je
frappe dessus avec ma queue. Boum! boum! V'là
le régiment des cons qui passent et repassent sans
jamais dépasser, mais qui trépassent en douce.

Je te choque? Merci, mon Dieu, mon cher
Grand Dieu! Enfin seul avec Toi, divin Père et
Ami. Je les choque! Et Toi qui Te marres, là-haut
sur la montagne où l'est un vieux chalet! Tu Te
dis : « Celui-là M'a échappé : il n'est pas damna-
ble. Il M'a passé outre parce qu'il sait qu'il est de
Moi et que la crainte est sans objet lorsque
l'amour domine. Pas damnable parce qu'il M'aime
et, chaque jour, prie pour pouvoir M'aimer davan-
tage. Pas damnable parce que des larmes lui
viennent quand il pense à Moi. Il regarde les
montagnes et il sait que c'est Moi. Il regarde un
coq qui chausse une poule et il sait que c'est Moi.
Et il sait que les conneries qu'il écrit, c'est
toujours Moi, et qu'il ne blasphème pas en mon-
trant la grosse belle queue que Je lui ai donnée. »

Oh! oui, oh! oui : chère et indispensable énor-
mité... Mon oxygène, mon soutien, toi sans qui les
gens resteraient ce qu'ils sont!

Nous voici dans la partie cloître. Notre fourgon-
nette est toujours là qui semble nous attendre. Je

m'installe au volant et démarre. Manœuvre pour m'enquiller sous le porche. L'énorme porte du monastère est close. Sans me cailler le lait, je klaxonne.

Une sœur paraît, sortant d'une petite porte gidienne (1).

Elle nous examine d'un air définissable : avec suspicion.

— A glouglou chib monkü ? demande-t-elle en chalcolitique, langage que je pratique très peu.

— *We go out!* lui réponds-je en assyrien moderne.

La sœur ne pige pas. Elle est brune de peau, avec des grains de mocheté noirs à poils ras plein la frite. Elle rentre dans sa guitoune en laissant la porte ouverte. Je la vois décrocher un téléphone mural et tailler une bavette. Ensuite, elle raccroche et actionne un levier. Illico, une herse de fer coulisse dans le mur épais, venant s'intercepter entre nous et l'énorme porte.

Coincés !

Je me paie un regard dans le rétroviseur extérieur : une seconde herse, tout aussi redoutable que la précédente, est en train de se refermer derrière le fourgon.

— La pute borgne ! gronde Bérurier en déboulant de notre véhicule avec la fougue écumante du taureau jaillissant du toril.

Il va pour se précipiter dans le poste de la sœur portière, mais celle-ci a déjà clos sa lourde et, crois-moi, c'est pas du contreplaqué, mais du bois

---

(1) San-A. entend par là qu'elle est étroite.

La Direction littéraire.

d'arbre authentique, renforcé de ferrures qui ne sortent pas de chez le quincaillier du coin !

Nous nous retrouvons comme dans une cellule, avec notre pauvre fourgonnette.

— Mais qu'est-ce que c'est c'bordel ! tonne le Plantureux. Fais-moi pas croire qui s'agite d'un vrai couvent ! On t'y embastille, les nonnes ont des flingues, elles te taillent des pipes et roulent en chignole décapotable !

— Intéressant, conviens-je en allant examiner les herses coulissantes, apparemment inexpugnables.

Dans la guérite de la sœur portière, il se trouve, jouxtant la lourde, un judas grand comme une carte de visite à travers lequel je peux apercevoir la préposée. La pièce où elle a ses activités mesure deux mètres sur deux et prend jour sur l'extérieur par des carreaux de verre cimentés dans une ancienne petite fenêtre en ogive. Outre son téléphone et son levier de commande, elle dispose d'un fauteuil de paille qu'adoucit un coussin raplapla et une tablette de bois supportant un registre. La nonne téléphone derechef. Elle semble très surexcitée.

Ma pomme, l'esprit de décision dégainé, je vais prendre dans le coffre de mon véhicule différentes choses que la Providence, toujours souveraine et gracieuse avec moi, y a placées. A savoir : un jerrican d'essence et un entonnoir de plastique.

Muni de ces deux éléments, je retourne au petit judas dont je brise la vitre d'un coup de crosse.

— Tiens-moi l'entonnoir, Gros.

Il a compris et rit de tous ses chicots entartrés.

Je débouche le jerrican et entreprend de déver-

ser son contenu dans l'entonnoir. L'essence coule
à flots dans la guérite.

L'odeur de la benzine rend la sœur dingue,
soudain. Elle pige mon intention néfaste et pense
que je vais craquer une allouf pour la déguiser en
sainte Jeanne d'Arc. Effectivement, je m'empare
d'une pochette d'allumettes, soulève le rabat et la
lui montre. Ces fines bûchettes alignées telles les
touches d'un menu clavier, sont redoutables avec
leurs petites têtes bleues. D'un geste péremptoire,
j'indique à la sainte fille de m'ouvrir. Souris qui
n'a qu'un trou est bientôt prise. Elle actionne alors
le levier de la herse dressée devant mon capot,
ensuite elle jette l'énorme clé du portail par le
judas, en psalmodiant des supplications dans sa
langue maternelle.

— Déponne ! enjoins-je au Mammouth.

Il s'active.

Voici l'air libre, le soleil, la mer de Marmara
étincelante dans les lointains. La route blanche,
poudreuse et sinuante à travers une végétation
rabougrie.

Alexandre-Benoît grimpe en ahanant.

— Cette pipe m'a coupé les pattes, déplore-t-il
en claquant sa portière.

ÇA COLLE !

Cette question, je m'y attendais. Et j'avais de bonnes raisons pour l'attendre : je me la posais.

— Où qu'on va, Grand ?

D'avoir à répondre à mon subordonné m'amène à trancher. Il est fréquent que des gens détenant l'autorité commandent uniquement pour ne pas donner l'impression d'hésiter à ceux qui leur obéissent. L'hésitation est la principale ennemie du pouvoir.

— Avant toute chose, je vais téléphoner au Vieux, ensuite nous changerons de véhicule et nous retournerons au motel. Jusqu'à preuve du contraire, nos adversaires en ignorent l'existence puisqu'ils sont contraints d'établir des surveillances aux abords de notre consulat pour essayer de nous agrafer.

— Valab', convient le Surabondant. Slave dit, j'croive que c'est l'chang'ment de tire qu'est l'plus urgent ; dans ce gros machin, j'ai l'impression qu'en Turquerie on n'voit qu'nous.

J'acquiesce, convaincu de son bien-dire ; mais, lui montrant la nature qui nous environne, je soupire :

— Si tu aperçois un marchand de bagnoles, fais-moi signe.

Mon léger sarcasme ne le désarme pas. Il semble perdu dans un rêve bleu. Potée auvergnate ou étreinte lubrique ?

La route plonge en direction de la côte et l'on distingue un petit port, au loin, en contrebas.

— Tu sais ce dont il me vient comme idée, Grand ? Si au lieu de rouler su' c't'route où qu'on peut nous repérerer à cent lieues à la ronde, on r'tourn'rait à Hisse-ta-boule en barlu ? Y a une navigance fluviale terrib' su' c'te mer. On passerait mieux inaperçus dessus qu'autour ?

Je lui vote un regard admiratif.

— Tu ne serais pas un peu génial, Gros ?

— Complètement, me confirme-t-il. C'est d' famille.

Ainsi soit-il !

Nous avons abandonné notre fourgon sur la place de la mosquée, les clés au tableau de bord, bien certains qu'on nous le secouerait avant la fin de la journée. Ensuite, on s'est mis à la recherche d'un navire. Le petit port de Tabouch Toukrü est plus plaisancier qu'autre chose, aussi y trouve-t-on plein de vieux canots automobiles plus ou moins ravaudés et pourvus d'un pilote prêt à t'emmener n'importe où — voire à foutre ta belle-mère à l'eau — pour un prix raisonnable.

Je retapisse (d'âne) un type encore jeune, grand et maigre, mal rasé, vêtu d'un bleu de travail rehaussé d'une large ceinture d'étoffe, qui attend le client sans trop y croire, en compagnie de son petit garçon, un angelot dépenaillé et sale, aux yeux pleins de lumière. A cause du môme, c'est lui que je choisis. La somme qu'il me réclame pour nous emmener sur le Bosphore est rondelette, aussi ne croit-il pas trop que je vais la lui donner.

Effectivement, là comme ailleurs, le quart est suffisant pour conclure le marché, et nous voilà voguant sur une eau verte et moirée par l'huile des moteurs. Des espèces de mouettes criaillent comme des connes en rasant le flot d'un vol coulé, battant à peine des ailes. L'agitation aquatique est soûlante, pourtant elle berce mon cœur d'une langueur monotone (1) et propicionne ma réflexion.

Comme à chaque affaire, je remets mon ouvrage sur le métier. Accumule les acquis, en fais une grosse boulette de vérité. Le meurtre de « Cousin frileux » a été commandité par les Japonais « de toute urgence », a prétendu son assassin. J'en conclus que Lord Kouettmoll détenait un secret nippon d'une rare importance qui a provoqué la décision de le neutraliser. Sa mort a été préparée pendant son vol de retour en Europe et perpétrée dans l'aéroport même. Y avait vraiment urgence !

Son meurtrier accompagné de son petit copain s'embarquent dans la foulée pour Istanbul où ils peuvent se réfugier à la pension de Lady Fog pendant que l'enquête commence à Paris. J'en suis chargé.

Puissamment aidé par Violette, la nouvelle recrue, nous découvrons la retraite de Kelfiott et Tommaso. Grâce au renfort de mon équipe, et

---

(1) En présence d'une phrase aussi harmonieuse, on reste perplexe sur l'étendue des dons manifestés par San-Antonio.
                                                        Jérôme Garcin.

malgré quelques aléas, nous nous assurons des deux hommes que le Foreign Office réclame à cor, à cri et en anglais. Ces messieurs de London sont, aux dires du Vioque, dans une colère exceptionnelle. J'ai dans la pensarde, la certitude que leur rogne est motivée par la disparition de la capsule contenant la bande de papier.

Maintenant, grave question : l'homme à la chemisette blanche dont Béru a si bien effeuillé la denture et les étranges nonnes du monastère, sont-ils au service de l'Angleterre ? Ou bien du Japon ? Voire de la Turquie ou d'un tout autre Etat ? Il doit y avoir panique au Carmel, les gars ! Que deux officiers de la Police française y aient vécu ce qu'ils y ont vécu doit salement emmouscailler ce joli monde.

Le petit garçon du batelier me regarde fixement, d'un air pensif. Je cherche quelque chose à lui offrir. Mais l'adulte est un salaud, jamais prêt à rencontrer des gosses. Il n'a dans ses poches que des choses terre à terre. J'hésite à lui donner du fric ; à son âge, qu'en ferait-il ? Son petit papa le lui engourdirait aussi sec. J'explore mes vagues. Mon sésame ? Pas question ! Mon canif Piaget ? Il est en or ! Et puis il risquerait de se couper. Je ramène d'une poche confidentielle un petit tube blanc, genre échantillon de crème pour le visage. D'où ça sort, ça ? Oh ! oui. Mathias qui me l'a donné, l'autre jour à Paris dans un élan de reconnaissance, tant il était heureux de pouvoir me tutoyer. Sa dernière « invention ». Une colle irrésistible qui soude à tout jamais deux éléments, quelle qu'en soit la nature. Ça non plus, c'est pas un cadeau pour un enfant ! Je finis par me rabattre

sur mon stylo-bille guilloché, plaqué or, siouplaît !
Le tends au môme.

Béru hausse les épaules.

— Si tu croives qu'y sache écrire !

— Il apprendra, prophétisé-je. En attendant, il
pourra toujours faire des dessins.

L'enfant turc hésite, regarde son dabe, puis
saisit le stylo.

— Rien ne pouvait lui faire davantage plaisir,
m'assure son paternel dans un mauvais anglais ;
voilà qui va l'aider à faire ses devoirs.

— Ses devoirs ! Mais quel âge a-t-il ?

— Cinq ans.

— Et il va en classe ?

— En classe, non ; mais à la faculté : il prépare
une licence de mathématiques. C'est, d'après ce
que m'ont dit les docteurs qui l'ont examiné, un
phénomène. Notez qu'il va à la fac comme audi-
teur libre, n'ayant pas l'âge, bien sûr, d'être
inscrit ; sinon, il fréquente l'école maternelle car il
n'est surdoué qu'en mathématiques.

Je traduis cette étonnante information pour
Béru. Loin d'éblouir le Gros, elle lui fait hausser
les épaules à nouveau.

— Les maths, grogne l'Infâme, c't'une conne-
rie ; moi, à son âge, je biquais la grande Marthe,
not' servante. Un jour qu'é restait au lit av'c une
angine, ma vieille m' dit d'lu porter un bol de
boulion. La grande Marthe dormait au grenier,
juste on y avait confectionné un'chambrett' av'c
des planches. Quand j'ai arrivé, é roupillait. J'sais
ce dont il m'a pris : les mouflets sont bizarres. J'ai
bu le boulion et je m'ai déshabillé pour m'coucher
su' sa paillasse. C'qu'y f'sait chaud sous son gros
nédredon, putain ! E l'avait d'la fièv', la Marthe !

J'm'aye coulé cont' ell'. Un vrai véritab' brasero, c'te grand' saucisse ! Sa ch'mise d'noye s'était retroussée et j'y fourragegeais l' poiluchard. Biscotte sa forte température, elle délirait. E m'a soupiré : « Oh ! Pétrus, boug' d' grand salaud, v'là qu'tu vas z'encore m' mett' ! » E m'prenait pou' l' fils Granmongin, du garage, qui v'nait la monter les après-midi, du temps qu'mes vieux étaient z'aux champs.

« On les r'gardait s'espliquer, Pépé et moi, d'puis la grange. Y la pinait en l'vrette, toujours, comme tous les animals. La môme, du temps de l'astiquage é criait : « Prends tes précautions, Pétrus, mets-moi pas enceinte, j'sus dans la période ! » Ell' était prudente. Tous les jours y s'rait v'nu, Pétrus, tous les jours ell' aurait gueulé comme quoi é s'trouvait dans la période. Note qu'il avait pas envie d'se fout' des problos d'polichinelle su' l'dos, l'arsouille ; son vieux y aurait arraché les couilles ! Y procédait à son lâcher d'ballon à l'air lib', hors circuit. Il avait la manie ensute, j'm'rappelle, d's'essuyeyer Popaul av'c la culotte à Marthe qui renaudait, comme quoi, merde ! y n'avait qu'à prend' une poignée d'paille au lieu d'l'enfoutrailler l'slip ! Elle dénonçait son sans-gêne : les matous, tu leur prêtes tes miches et après faut encore payer d' sa culotte, bordel ! Surtout qu'y jaculait pas d' main morte, l'artiss' ! Ya ya ! Quand y grimpait en béchamel, fallait s'gaffer des éclaboussures.

« J't'en r'viens à moi : cinq ans, av'c mon bâtonnet comm' la justice de Berne, j'm'ai mis à entreprend' la grande Marthe comme un mec ! Note que ma bite d' cinq ans aurait déjà fait dégobiller d'jalousie un Anglais de trente. Elle m'app'lait Pétrus, c'te gavagne ! E r'prenait sa lituanie : « J'sus dans la période, Pétrus, prends tes précautions ! » Mes précautions ! A cinq ans, tu parles ! Y vous sort qu'd'la fumée, à c't'âge-là ! »

Le canot va son train, si je puis dire, en crachant, ferraillant, fumassant. Ça vous file la tremblile comme si on actionnait des marteaux-piqueurs. Il se faufile entre de gros bâtiments, des vapeurs bourrés de voyageurs et enfoncés dans l'eau jusqu'au plancher du pont, que si une personne de plus s'y risque, il coule !

Le Mastar se met à somnoler en dodelinant. Il a toujours des souvenirs de cul à déballer, cézigue. Plus il prend du carat, plus ses « remontées d'huile » sont abondantes. On ne retombe pas en enfance, c'est l'enfance qui monte vous chercher. Elle a pitié. Elle semble vous dire « Tu vois ce que tu es devenu sans moi ? » Les gosses, je voudrais pouvoir leur expliquer qu'ils ne doivent pas bouger. Surtout, ne pas aller de l'avant. Se pelotonner dans les doux âges, s'enfouir comme des taupes dans les années coton ; jouer à jupe-maman ; pleurer de rien, rire de tout ; croire à ce qui est et en ce qui n'est pas. Délayer la récré pour en faire une vie grenadine.

Sa main a continué de gonfler, au Dodu. C'est la vraie pattoune de pachyderme. Il devait pas avoir les ratiches très *clean*, l'homme à la chemisette blanche. Il mangeait des charognes, kif les chacals, bouffait de la merde de phtisique, des chattes vérolées, je vois pas autrement !

Notre pilote se met à maugréer entre ses dents cariées.

Je le frime.

— Police des douanes ! dit-il en me désignant une vedette rapide qui fonce droit sur nous en hululant farouche.

— Vous pensez que c'est pour nous ?

— Ils nous font signe, vous ne voyez pas ?

Le grand délabré ralentit et met au point mort. Pour commencer, l'embarcation nous entoure d'un gros sillage écumant, bien délimiter notre territoire, puis se met en devoir de se placer bord à bord avec nous. Ils sont trois dans la vedette : le pilote et deux autres mecs tellement pas sympas que leur vue ferait avorter une dame gorille. Pantalons bleus, chemises bleues avec des épaulettes. Revolver à la ceinture (1), fortes moustaches turques.

Les deux non-pilotes montent avec nous. L'un a des reliefs d'herbages dans les dents : ça se distingue ; l'autre n'a pas les pieds propres : ça se sent. Ils parlent rudement à leur compatriote.

Le mec qui renifle des pinceaux me jette :

— Les bras en l'air !

Je fais grâce à sa requête, comme on dit dans les manuels de belles manières. Le gars me fouille en expert et me soulage de mon pistolet ; pendant ce temps, son pote procède de même avec Béru. Du coup, notre canoteur qui nous avait à la chouettte jusqu'alors se met à nous considérer comme de la bouffe avariée pleine de moisissure verte.

L'homme aux nougats qui fouettent me désigne sa vedette :

(1) Ceinture : déviation de saint Thur. Thur était un moine allemand qui prêchait l'abstinence ; il est à l'origine de l'expression « faire ceinture ».

San-A.

— Montez !

Je.

Le Majestueux est contraint d'en faire autant.

Le gabelou aux dents verdurées engueule notre pilote tout en notant ses coordonnées sous les yeux toujours pensifs du petit garçon surdoué. J'adresse un signe à l'enfant pour lui faire piger qu'on n'est pas des méchants et qu'il devra, sa vie durant, nous conserver son estime. Un faible sourire de connivence répond à ma requête.

Moi, dans la vedette, je feins d'embarder car le barlu tangue sur l'agitation de son propre sillage. Mais je ne perds pas mon temps.

— Béru, chuchoté-je, ne touche absolument à rien à bord. Assieds-toi et ne bronche plus.

Intrigué, le bœuf normand acquiesce et dépose son phénoménal dargeot sur un banc de bois qui ne méritait pas ça.

Le second gus a fini de faire chier notre pilote. Ce dernier renclenche sa marche avant et décrit une courbe pour rebrousser chemin. A l'arrière, son fils continue de me regarder en souriant. Un ange, te dis-je ! Que Dieu le garde et lui réserve une belle route !

Ça commence presque tout de suite. Par le second douanier qui s'était attardé sur notre canot. Il est appuyé d'une main à la rambarde chromée entourant la vedette et voilà qu'il lui est impossible de la lâcher. Il a beau s'escrimer, sa paluche continue d'emprisonner la barre métallique. Il tire, s'arc-boute, vitupère, mais impossible de se séparer du garde-fou. Il appelle son pote à la rescousse, et là commence la grande scène à la Charlot. Comme l'autre melon s'approche, voilà

qu'il est soudain soudé au plancher de l'embarca-
tion. L'un de ses souliers adhère aux lattes de bois.
Enervé, il arrache son pied de sa grolle. Las!
L'endroit où il le pose, dénudé, fumant, plus
malodorant encore que dans son croquenot, a
reçu itou sa petite giclette de colle, et le
mec est rivé au barlu. Si ce que m'a annoncé
Mathias est exact, il faudra découper le plan-
cher pour, ensuite, aller opérer le gars à tête
reposée.

La marrade vient surtout de ce que ces deux
oiseaux noirs ne pigent absolument rien à ce qui
leur arrive. Ils constatent le phénomène, car pour
eux c'en est un, mais n'en tirent pas encore de
conclusions formelles. Ils appellent le pilote.
Celui-ci baisse les gaz, met au point mort et se
précipite vers ses potes. Comme il me passe
devant, j'en profite pour lui administrer un point
de seccotine ultra sur la crosse de son pétard,
ainsi que je l'ai déjà fait, discrètement, pour
les deux autres. Il tend la pogne à son collègue
afin de le haler. Zob! L'autre ne peut se décoller;
de plus, le pilote a, lui aussi, « mis le pied
dedans »! Et là, crois-moi, ça ne lui porte pas
bonheur.

Béru a constaté le manège burlesque et se fend
la citrouille d'est en ouest. Le vilain qui schlingue
des tartines réalise soudain que nous les avons
floués. Fou de rage, il veut dégainer son outil pour
faire du vilain. Sa main reste collée à la crosse du
flingue, et le flingue à son étui. Ça bordélise pour
ces messieurs, à la vitesse grande Vache, comme
dit le Mammouth.

— Allons, messieurs, restez calmes, leur dis-je-t-il. Si vous tirez trop fort, vous vous ferez saigner.

En regardant bien où je pose les pieds, je vais me mettre au volant, branche la sirène et enclenche à fond la sauce.

ALLÉES ET VENUES

Ces mecs, pas question que je les abandonne en vue sur le Bosphore. Ils ressemblent à un bas-relief du musée Grévin et vont attirer maints curieux. Et puis, ils ont conservé l'usage de la parole et tu parles comme, nous partis, ils s'en serviront à cœur joie ! Je ne peux pourtant pas leur coller les lèvres. Je me pose des questions, à mesure que nous approchons du motel.

Et puis, mon œil sagace découvre des espèces d'impasses aquatiques, çà et là, autour desquelles on trouve des hangars, des ateliers, des antres d'artisans. En ayant repéré une qui me paraît déserte, je m'y engage. Cela constitue une sorte de chenal qui aboutit à un hangar à moitié délabré et totalement vide. Des monceaux de ferrailles rouillées, inidentifiables, constituent des montagnes surréalistes dans l'eau croupie. Je vais m'embosser entre ces monticules, à l'abri de tout regard. Embosser est un verbe qui m'a fait rêver, jadis, quand je lisais *L'Ile au trésor* ou des bouquins de Jack London. La goélette allait « s'embosser » dans une crique ! Putain, ce panard ! Que la crique me croque !

Je m'amarre tant bien que mal à une carcasse

rouillée qui ressemble trop à la flèche d'une grue pour ne pas en être une. Après quoi, nous dégageons, Pépère et moi.

On marche dans le quartier des restaurants à poisson.

— J'ai les crocs, me dit le Gros.

Il ajoute :

— Et pourtant, l' poissecaille, c'est pas ma tasse de thé. C'est juss'bon à faire des z'hors-d'œuvre. Le plat de résidence, que tu l'veuillasses ou pas, ça reste la potée auvergnate ou le gigot aux flageolets.

Je repère un petit restau enfanfreluché, avec des loupiotes de couleur, des monstres marins naturalisés, aux regards cloaqueux.

— Viens grailler, mec !

— On n'va pas chercher les aut' ? On est à deux pas, s'étonne l'altruiste.

— N'oublie pas qu'ils ont des prisonniers à garder, nous les relaierons ensuite.

Nous nous installons derrière un aquarium où quatre ou cinq poissons exotiques se font tarter comme à une conférence sur l'économie du Honduras à travers les âges.

Sa Majesté m'observe à la dérobée, avec une sorte de timidité inaccoutumée.

— On a eu chaud aux plumes, soupire-t-il. A propos, quand on a quitté les autres, t'allais au consulat pour téléphoner et tu n' l'as pas encore fait !

— Je n'en ai plus envie.

— Tu voulais prévenir l'Vieux à propos des assassins du Lord !

— Il attendra.

— D'où t'vient c't' revirance ?

— Comme ça, l'instinct...

On passe commande. Dieu soit loué, ils servent aussi de la bidoche dans cette boutique à clape et Bérurier se jette dessus. Il s'agit d'un ragoût servi avec des aubergines frites et des tomates. Ail et oignon à profusion. A ta santé, Pépère ! Comme me le disait une de mes amies dentiste : « Il faut faire mon métier pour savoir à quel point l'ail et l'oignon sont des plantes potagères vulgaires ! ».

Il y va d'une première ventrée tandis que je décortique ma sole meunière. Des touristes italiens gazouillent à la table voisine. L'endroit embaume la friture, les épices. Senteurs qui attisent ton appétit lorsque tu as faim, mais qui te donnent envie de réclamer d'urgence l'addition sitôt que tu t'es restauré.

Alexandre-Benoît cesse brusquement de s'alimenter pour roter avec une telle violence que le loufiat se ramène presto en lui demandant ce qu'il veut. Le Gros en profite pour commander une nouvelle boutanche de rouge.

Après quoi, il murmure :

— Prends-moi pas pour un con, Tonio ! Çui qui voudrerait jouer à l'andouille av'c moi s'rait pas prêt d'gagner !

— Qu'est-ce qui t'arrive, ô mon prince des ténèbres ?

— M'arrive qu'tu m'fais des cacheries, mec. C'qu'est pas digne d'not' amitié.

— Explique-toi !

— V'nir claper ici alors qu'on est à deux pas d'nos potes, r'noncer d'app'ler l'Dabe alors qu't'avais rien d'plus urgent, faut pas m'berlurer en m'affirmant qu'c'est « comme ça, d'instincte ».

« Comme ça », mon cul, mon Loulou ! J't'connais trop pour couper dans ces giries. N'en réalité, t'es dans tes p'tites grolles ! Tu t'sens aux aboiements. Tu t'dis qu'c'est pas un n'hasard si les douaniers nous ont agrippés t't'à l'heure. Et moi, j'pense pareil. On est surveillés continuellement. Et c'est pas s'l'ment par les gonzesses du nonnastère. Y a d'aut' gens dans l'circuit. M'est avis qu'on a un sacré trèpe su' les endosses. Tout' sorte d'monde pas catholique qui s' connaît même pas entre eux ! Tiens, en c'moment qu'on est là à claper, des yeux nous surveillent, qui n'nous lâchent pas d'une s'melle.

Je lui tends la main, vaincu par l'admiration qu'il m'inspire. Il me propose sa sinistre, la dextre demeurant hors d'usage. (C'est sa dextre qui est sinistrée.) On s'en presse cinq chacun, vaille que vaille.

— Bravo, Gros. Tu as tout compris.

Ce bref instant d'effusion surmonté, Béru soupire :

— C't'affaire, c'est pire que l'Ovomaltine, question dynamite ! Le genre de conn'rie où qu'on peut tous laisser ses os. Ent' les Angliches, les Turcs, les Japs, on baigne dans des cagates noires, mon drôlet. Et, d'en plus, y a c'te pension de truands qui pue l' faisandé à s'en éternuer la cervelle ! On sait plus qui travaille pour qui. Du gonzier qui m'a planté ses ratiches dans le poing, des gueuses pas si nonnettes que ça, des gapians du Phosphore...

Il se tait parce qu'un gamin, vendeur de journaux, vient d'entrer dans le restaurant, passant de table en table. Il vend un baveux en langue anglaise *The Little Freed Turkish News*. J'y cloque un regard, distrait au départ, mais vachement percuté à l'arrivée. « Etrange assassinat dans une pension britannique d'Istanbul », lis-je.

— Quoi t'est-ce ? s'inquiète Béru devant ma surexcitance.

Je règle le journal et dévore l'article de la une. Ça dit comme quoi on a retrouvé un pensionnaire du *Windsor Lodge* dans sa chambre, tué d'un poignard planté dans le cœur. L'homme, un certain Ramono, de nationalité péruvienne, habitait l'hôtel depuis plusieurs semaines. Une photo à sensation montre le mec allongé sur la moquette dans une mare de sang. Avec ses cheveux longs et sa barbe profuse, il ressemble davantage à un singe qu'à un homme. Il tenait un flingue de fort calibre à la main au moment de trépasser, ce qui indique qu'il cherchait à se défendre quand son meurtrier l'a planté.

— Enfin une bonne nouvelle ! me réjouis-je : Carlos est neutralisé à tout jamais.

Etrange oraison funèbre, dont j'ai un peu honte malgré la personnalité de la victime.

Je traduis le papier à Béru.

— Le gars Simon, c'est pas un branque, hé ? apprécie mon compère, admiratif. Quand ça va t'êt' officiel, y pourra vend' ses mémoires à *France-Soir* ! J'voye l' tit' d'ici : « Moi qu' j'aye liquidé Carlos ». Ce circus !

Par mesure de précaution, nous décidons de regagner le motel séparément. Je vais filer le premier en décrivant des méandres destinés à semer d'éventuels anges gardiens. J'ai quelques dons en la matière. Il y faut déployer de la psychologie et de l'adresse. Ça ressemble un peu au bonneteau, à cela près que c'est toi la carte à découvrir. Tu feins d'emprunter une ruelle, mais tu continues tout droit, à l'abri d'un véhicule de passage, par exemple. Question d'opportunité. C'est en utilisant les imprévus de l'instant que tu parviens à flouer le suiveur.

J'aligne du blé au Gros.

— Sirote un gorgeon de mieux, Gros, avant la décarrade. Quand t'auras ciglé la douloureuse, prends tout ton temps. Au besoin va écluser un ou deux rakis dans un bistrot. Donne l'impression d'attendre mon retour dans le quartier.

— Fais-toi pas d'souci, Dugland, j'sais comment s'mer du poiv' aux rigolos qui veuillent m'filer l'dur.

Je le quitte.

C'est pas beau à voir, un Noir en colère ! Il passe du marron foncé au café au lait clair, ses gros yeux sont jaune pisse et font penser cependant à la mer démontée. Un tressaillement spasmodique crispe et décrispe ses fortes mâchoires que n'aurait pas dédaignées notre camarade Samson. Ses lèvres épaisses comme un king-burger sont plantées d'une bûchette de bois, comme l'écrirait M. Maurice Schuman (s'il savait écrire). Ma brusque survenance l'électrochoque. C'est la forte secousse dans les endosses.

— Enfin quelqu'un ! exhale-t-il. Ah ! vous êtes chiés, les blafards ! Quand on n'a besoin de rien, on peut toujours compter sur vous !

Il me désigne Tommaso et Kelfiott endormis sur un pucier grabataire, enlacés dans l'inconscience comme dans leur vie active.

— Des heures, seul avec ces deux endoffés !

gronde mon ami du Sénégal. A jouer les gardes-
malades ! A me faire suer comme un rat ! D'abord
toi et Sac-à-merde qui jouez la fille de l'air !
Ensuite Violette et Mathias ! Et qui reste comme
un con à la maison, pour surveiller ces crapules
endormies ? Le négro, bordel ! Toujours le cher
Blanche-Neige qui est de corvée ! Ça ne changera
jamais !

Des larmes de rage grosses comme des perles de
culture coulent sur sa bouille de brave type.

— Mais ça va changer ! prophétise Jérémie. Le
moment arrive où la race noire va prédominer.
Notre civilisation à nous prendra le pas sur la
vôtre ! La virilité l'emportera sur la mollesse !
Nous vous mangerons tous, les uns après les
autres, ce qui ne sera qu'un maigre plaisir, le vrai
étant d'avoir à vous déféquer ! Ah ! le jour béni où
nous vous chierons ! Quelle suprême délivrance !
Quelle finalité triomphante ! Vous les abomina-
bles Blancs, toujours intraitables et pédants,
racistes et tyranniques, enfin digérés par nous !
Devenus excréments grâce à nos intestins. Trans-
formés en étrons. Revêtus pour finir de notre
couleur qui tant vous exaspérait et excitait vos bas
instincts ! Voilà la punition, mon con : le dur
châtiment ! Vous serez de la même couleur que
nous ; mais nous, nous serons vivants et vous vous
serez merdes !

Il baisse le menton sur sa poitrine, kif le papa du
Cid après les insultes du futur beau-père de son
fils.

— Très belle tirade, fais-je, fort bien venue et
que M. Senghor apprécierait, je suis sûr, bien que
sa poésie soit d'un autre tonneau. Mais ce cour-
roux n'est motivé que parce que tu poireautes

dans un motel ! Ne devrais-tu pas concevoir de l'inquiétude à notre endroit plutôt que de la colère, Dunœud ? Sais-tu à quels dangers nous venons d'échapper, Bérurier et moi ?

— Non, et je m'en fous !

— Merci, excellent ami !

— Ami ! T'es chié, mec ! Sais-tu comment mon grand-père est devenu un héros de la Quatorze-Dix-huit dans les tirailleurs sénégalais ?

« En 1914, des soldats français sont arrivés dans son village. Deux d'entre deux tenaient une longue corde dont ils ont cerné un groupe de nègres. Tous les hommes jeunes du groupe ont été transformés en « engagés volontaires » et envoyés à la riflette après une rapide instruction. A leur tour, ils ont servi d'instructeurs aux troupes françaises en leur apprenant à mourir héroïquement. Alors l'amitié, dans tout ça, va te chier ! »

— D'accord, fais-je, d'accord, seulement on a vacciné les autres, on a partagé Montaigne, Descartes, Pasteur, le catalogue de la Redoute, l'aspirine du Rhône, nos écoles et deux ou trois autres choses encore avec eux ! Et si tu n'as pas compris que tu es devenu mon frère : fous le camp, je ne te retiens pas ! Le raciste, c'est toi ! La mémoire ne doit servir qu'à évoquer le positif ; si c'est le garde-manger des rancœurs, vive l'amnésie !

Il me regarde, sa colère toujours sous pression intacte.

— Je voudrais avoir le talent de ton pourceau de Bérurier pour te donner ma réponse sous forme de pet ! déclare-t-il.

Il ramasse son veston léger et sort.

Me voici donc seulâbre avec les deux tueurs endormis.

Etrange conjoncture. Que sont les autres devenus ? Pourquoi, enfreignant mes directives, se sont-ils égaillés à travers Istanbul ? Qu'est-ce que ça cache ? Décidément, je ne contrôle plus la situation. Un douloureux sentiment d'impuissance m'étreint.

Je devrais appeler le Vieux. Il y a le bigophone dans ce motel. Puisque par mesure de précaution, je n'ai pu aller lui parler depuis le consulat (quel con, çu-là !) de France comme j'en avais l'intention, rien ne m'empêche de risquer le coup depuis ici, il semblerait que nos « ennemis » n'aient pas encore découvert cette planque passe-partout. Elle est trop simple, comprends-tu ? L'éternelle histoire de la lettre volée !

Pourtant, mon instinct me retient toujours de le faire. Je ne parviens pas à m'expliquer l'objet de cette retenue ; à croire que Pépère en personne représente un danger !

Le biniou d'ici comporte une certaine rudimentarité, si je puis dire. Il faut demander son numéro à ce qui sert de réception. Après avoir balancé, je réclame celui de Pinuche, à tout hasard. Le grossium mène une existence de luxe depuis qu'il lui tombe des dividendes en surabondance. Il vit dans de la mousse parfumée, le Débris : confort et volupté. Sa prostate est mise à rude épreuve.

L'obtenir, depuis ce boui-boui est une opération aventureuse. Que de fausses manœuvres ! Que de cafouilleries dans la transmission. Pour finir, je suis en ligne avec dame Pinette, la frivole. La chaisière éternellement souffrante et dévote est devenue une vieille peau inassouvissable qui se tape force masseurs, visagistes, chauffeurs et gigolos de « brasseries pour dames ». Elle fréquente des thés

dansants dans la région des Champs-Zé et y lève
des sabreurs de momies à la bite d'airain, toujours
prêts à goder pour de la fraîche. De ces garçons
conformés pour la tringle calamiteuse que deux
biftons de cinq cents pions mettent en érection
plus rapidement que deux beaux nichons pour des
mâles normaux.

Elle glousse en m'identifiant.

— Oh ! c'est vous, délicieux commissaire que je
ne fréquente pas suffisamment. Pourquoi ne pas-
seriez-vous pas un week-end prolongé dans notre
maison de campagne des bords de Loire ? Venez-y
donc pendant que César ira faire sa cure à
Quiberon. J'ai là-bas une cuisinière qui éblouira
vos papilles. Nous connaîtrions d'exquises soi-
rées, vous et moi, mon délicieux ami. Vous
pourriez amener une jeunette et nous batifole-
rions à trois ; c'est un exercice auquel j'ai pris goût
et dans lequel je déploie, m'a-t-on affirmé, des
dons exceptionnels. Tout dans la discrétion,
Antoine ! Je sais demeurer en retrait, me conten-
tant d'accompagner un échange normal de bifella-
tion qui corse l'intérêt de la chose. Depuis que je
suis débarrassée de mon asthme, je puis réaliser
de véritables exploits, au point de vue respiration.

La porte s'entrouvre et je vois réapparaître
M. Blanc, contrit. Il me sourit penaudement.

Dans l'appareil, la vieille lubrique poursuit :

— Il suffit que les deux partenaires se placent
dans une position propice, qui me permette l'accès
à leurs sexes. Je passe alors de l'un à l'autre en
continu, ce qui les rend fous. J'ai fait prendre des
photographies par un artiste chevronné et je puis
vous les communiquer si vous le désirez : elles

vous permettraient de vous faire une idée de la charmante combinaison.

— Très volontiers, accepté-je, je vais étudier votre proposition avec soin, ma chère. En attendant, puis-je parler à César ?

— Il est absent pour l'instant, s'étant rendu aux funérailles du docteur Chaudelance.

— Quand peut-on espérer son retour ?

Mais, sans attendre la réponse, j'égosille :

— Vous avez dit « le docteur Chaudelance » ?

— C'est vrai que vous le connaissez également, puisqu'il s'agit du médecin légiste.

J'ai un brusque vertigo. Mon regard devient pourpre. Jérémie s'en trouve illuminé comme par les flammes d'un brasier, les murs deviennent rouge sang.

— Il est mort quand ?

— Avant-hier. Vous ne l'avez donc pas appris, mon bel ami ?

— Je suis à l'étranger. Et de quoi est-il mort ?

— D'une overdose de morphine, ce qui a surpris tout le monde car il n'avait pas la réputation d'un homme qui se droguait. Mais enfin, il était veuf, n'est-ce pas. On ne lui connaissait pas de liaison attitrée et son unique fille vivait aux Etats-Unis. Peut-être que la solitude lui pesait trop, par moments. Si nous l'avions fréquenté, j'aurais pu m'occuper de lui car il était assez bel homme...

Je bafouille n'importe quoi et raccroche, atterré.

Un silence épais comme de la fondue au vacherin d'abat dans la chambre.

— Tu vois, finit par murmurer Jérémie, je suis revenu.

— Parce que tu étais parti ?

Il hausse les épaules :

— J'étais gringrin.

Je hausse les épaules.

— Je connais un tas d'autres cons qui le sont aussi.

Il est prêt à tout endurer.

— C'est ça : persifle, Antoine, mais ne m'en veuille pas.

— Pourquoi en voudrais-je à un nègre ?

Il respire en grand.

— O.K. ! ça va, j'ai fait amende honorable, maintenant écrase sinon je te fous un coup de boule dans les dents !

— Avec ton pelage, ça amortirait le choc.

Et il me fout un coup de tête dans la poire. J'ai l'impression que ma mâchoire vient de se briser. Sonné, je flanche des cannes, tombe à genoux sur le plancher et suis obligé d'y prendre appui avec mes deux mains à plat pour ne pas descendre encore plus bas.

Dis, il devient dingue, le Sénégaloche ! Non mais, il démarre pas encore son andropause, l'enfoiré : c'est pas de son âge !

Alors il se place à genoux près de moi et met son bras musculeux sur mon épaule. Il sanglote :

— Je te demande pardon, Antoine. Qu'est-ce qui m'arrive ! Un terrible coup de flou. Pendant que j'étais seul, j'ai appelé pour qu'on me serve à boire. Tu sais quoi ? La serveuse, en m'apportant ma bière, m'a demandé si j'étais « le boy » de ces messieurs-dames touristes ? VOTRE boy !

« Je lui ai répondu que oui. Elle m'a demandé si vous me battiez... Je lui ai dit que oui. Je... »

Ses larmes l'étouffent. Alors je le serre sur mon cœur..

— Pleure plus, Cannibale. Pense à l'avenir tel que tu me l'as décrit : vous nous mangerez et vous nous chierez. Votre esclavage s'achèvera en apothéose !

Il rit plus blanc que blanc.

— Qui est-ce qui est mort ? fait-il en désignant le téléphone.

— Le médecin légiste de Paris.

— De quoi ?

Et ma pomme, dans une pulsion :

— D'avoir autopsié « Cousin frileux ».

Car le fait me paraît évident. Il s'impose à ma sagacité flicardière. Les gars de Londres se sont aperçus qu'on avait charcuté le cadavre de Lord Kouettmoll. Or, ils « savaient » que Sa Grâce trimbalait quelque chose de capital dans ses viscères. Ils ont voulu découvrir ce qu'il était advenu de la capsule. Auprès de qui se tuyauter, sinon en questionnant le praticien ayant effectué l'autopsie ?

— Comment se fait-il que Violette et Mathias aient disparu ?

Blanc hausse les épaules.

— Cette Violette est une infâme pute.

— Infâme me semble exagéré. Tu te l'es faite ?

— Sitôt que vous avez été partis, elle s'est mise à nous vamper, le Rouquin et moi. Au bout de dix minutes, on se l'emplâtrait comme deux pourceaux une truie ! Quand je pense que Ramadé est enceinte, de même qu'Angélique, l'épouse de Mathias ! J'ai honte, Antoine. Ça aussi, ça m'a démoli le système nerveux ! Mais cela dit, quelle belle salope ! Quel art ! Quel sens de l'amour ! Diabolique !

« Vois-tu, commissaire, je ne veux pas revenir sur le sujet, mais tout ça, c'est des dépravations sexuelles de Blancs. Jamais, chez nous, on ne s'est livré à de telles pratiques. Si le père de mon père, qui vit encore, apprenait mon comportement, il réunirait tout le village pour procéder à mon *Boko Bani* et je n'aurais plus jamais le droit de toucher à une femme de ma race ! »

— Je te promets de ne pas lui écrire, ricané-je. Et après cette double séance de trous, que s'est-il passé ?

— Du temps s'est écoulé. Violette nous a refait une gâterie ; mais elle commençait à nous pomper l'air en même temps que le reste. Elle l'a compris. Nous nous sommes endormis afin de récupérer un peu : une paire d'heures environ. Elle s'est réveillée la première et, constatant que vous n'étiez pas de retour, a été prise d'inquiétude.

« Après un rapide conciliabule, il a été décidé qu'elle devait appeler le consulat de France pour obtenir de vos nouvelles. Elle est allée à la réception fin de le faire depuis la cabine, sans avoir à demander son numéro, qu'elle devait, d'ailleurs, chercher sur l'annuaire. Elle en est revenue alarmée, personne ne vous ayant aperçus là-bas. Nous avons réalisé alors qu'il avait dû vous arriver un turbin. N'y tenant plus, Violette s'est décidée à téléphoner au Vieux pour le mettre au courant du dernier développement de la situation.

« Au bout d'un instant, elle est venue dire à Mathias que l'Ancêtre voulait lui parler et le Rouquemoute s'est empressé d'aller au téléphone. La pétasse m'a dit qu'Achille était dans un état de surexcitation inimaginable. Il lui a assuré qu'il allait être contraint à la démission, mais qu'auparavant, il nous licencierait tous avant de quitter le Service. Lorsque Mathias est revenu du téléphone, il était blanc comme un linge, mais n'a pas voulu parler. La monstrueuse colère du Dabe lui avait filé la courante et je pense qu'il avait dû s'oublier dans son calbute. Il a passé plus d'une demi-heure à la salle de bains pour réparer ses désastres intimes.

« L'agitation du Vieux avait gagné Violette. Une pute, certes, mais une femme d'action ! Y a pas que son pétard qu'elle remue, la gueuse. Elle m'a dit que l'inertie ne payait pas et qu'elle devait continuer l'enquête. Pour commencer, elle voulait aller voir à quoi ressemblait cette agence de voyages à qui appartient l'auto dont s'est servi le gars auquel Béru a pulvérisé la gueule.

« Elle partait, malgré que je sois d'un avis contraire et, dehors, je l'ai vue qui croisait Mathias. Ils ont parlementé un instant. Elle est retournée au téléphone en courant, puis elle est revenue et m'a dit, à la volée, depuis la porte, que le Rouquin l'accompagnait. Et pour moi, ça, c'était la pire insulte, Antoine. Tu te rends compte que cette conne pleine de fesses et de nichons a choisi pour l'escorter au danger, ce mulot de laboratoire au lieu de moi qui suis inspecteur de police chevronné. Quand je te disais que je les ai toutes eues, ce matin ! »

— Fais taire ton amertume, ô mon superbe guerrier dont la lance miroite au soleil d'Afrique. Si elle t'a préféré Mathias, c'est parce que, précisément, elle avait besoin d'un mulot de laboratoire. Cette fille m'a déjà administré les preuves de ses capacités.

Je m'assois, épuisé, devant la méchante table de bois mal verni. J'installe mes coudes écartés sur le plateau au centre duquel un gros nœud me fait de l'œil.

Incohérence !

Tout s'effiloche. Cette histoire devient de plus en plus saugrenue, improbable et confuse. Mélo, mélo ! Les tueurs pédés, au lourd sommeil artificiel, ont quelque chose d'infiniment fragile, tout à coup. Ils sont « jetés » dans l'inconscience comme des enfants. Tous les hommes, fussent-ils saints ou vilains, bons ou cruels, retrouvent l'innocence du cocon originel dans le sommeil. Ils retrouvent les pâquerettes, les nuages et les ruisseaux, les oiseaux et les parfums, la mélodie du silence et la grandeur des horizons. Ils retrouvent l'innocence.

Jérémie s'est assis en face de moi, dans la même attitude. Etranges serre-livres, nous voilà. Bien que nous soyons de coloration différente, nous nous contemplons l'un dans l'autre.

— On est des petits garçons, soupiré-je.

— Et ça ne date pas d'aujourd'hui, renchérit M. Blanc.

J'avance une main sur la sienne.

— Les nègres ont la peau froide, hein ? murmure-t-il.

Je ne réponds pas parce que je perçois un glissement dans la pièce voisine.

L'AGENCE

Elle a le bas du visage barbouillé de rouge comme si elle venait de se faire galocher par un mec en train de bouffer des spaghetti à la sauce Buitoni. Sûr certain qu'elle émerge d'une récente tringlée, Violette. Les lotos soulignés de bistre, elle a dû se donner à fond la caisse. Ce feu qui lui embrase les miches ne s'éteindra-t-il donc jamais ? Elle a l'Etna entre les cuissots. Tu vois que c'est la toute vraie pétroleuse à son pelage pubien. Bien qu'elle soit devenue une jeune femme élégante, elle ne se fignole pas un frifri tiré au cordeau, grâce au rasoir et à la pince à épiler. Son triangle de panne luxuriant foisonne, ébouriffe, désinvolte. Il est en friche comme toujours chez les fières salopiotes qui savent tout des bas instincts du mâle. L'homme, il est pas pour la sophistication en matière de sexualité. Il raffole de la sincérité corporelle. Il aime les frangines au regard couleur « tout de suite », avec des senteurs femelles et du poil de savane sur les pourtours du bénitier de Satan.

J'ai délourdé si doucement qu'elle tressaille lorsque je lui adresse la parole :

— Et Mathias ?

Elle porte la main à son cœur, kif dans les comédies de Feydeau, quand la petite baronne dévergondée se fait prendre en flagrant du lit par son époux.

Comme la plupart des femmes, elle répond à ma question par une autre :

— Que vous est-il arrivé ?

— Des choses… Où est Mathias ?

— Il m'attend près de l'Agence Höyüyü. J'ai vampé le directeur de celle-ci et je dois me changer pour sortir avec lui.

— Vous l'avez vampé dans les grandes largeurs, dis-je. Regardez-vous dans une glace !

Elle s'approche du méchant miroir encadré de bambou.

— En effet, c'est un fougueux, dit-elle.

— Il paraît que vous avez téléphoné au Vieux ?

— Oui. Il éructe !

— Vous lui avez dit que nous tenions les tueurs ?

— N'était-ce pas votre intention ? Comme vous aviez disparu, j'ai pensé bien faire.

— Vous avez bien fait. La nouvelle l'a calmé ?

— Même pas. Il a voulu parler à Mathias à propos de la capsule découverte dans l'intestin de « Cousin frileux ».

— Que lui en a-t-il dit ?

— Mathias n'a pas voulu aborder le sujet. Il a un tempérament de curé, ce type. Bon, il faut que je me hâte.

— Pourqui Mathias est-il demeuré sur place ?

— Pour surveiller l'agence.

— Elle n'est pas fermée, à cette heure ?

— Si fait, mais il y a de la lumière à l'intérieur.

— Est-ce prudent de sortir avec le directeur ?

— Je crois pouvoir dire qu'il est à mes pieds. Et puis c'est la seule façon pour moi de découvrir éventuellement quelque chose.

— Emmenez Jérémie avec vous, comme second ange gardien.

— Il ne passe pas inaperçu ! objecte Violette.

— Un Noir ! De nuit ! Vous plaisantez !

Elle opine (à tout va).

— Entendu, qu'il vienne.

Elle passe dans sa chambre réparer les dégâts du soudard et s'attifer un peu, bien qu'elle n'ait pas grand-chose sous la main.

Je retourne auprès de Jérémie.

— Ça va être à toi de jouer, grand primate ; tu vas aller promener les fourmis qui grouillent dans tes pattes velues. Moi je garderai ces messieurs en attendant Godot, c'est-à-dire Béru.

Et puis la fatigue m'a, je dois reconnaître. Ça ressemble à une érosion de mon individu. J'ai l'impression de m'émietter, mon sang se fluidifie, mes sens se placent en veilleuse. Dans le fond, tout s'opère en dehors de moi. Ce n'est plus l'illustre San-Antonio, le chef de l'expédition, mais cette pétasse de Violette. Elle prend les décisions, tire les ficelles, agit positivement. Moi, je me contente d'échapper aux méchants qui me veulent du mal.

Cinq minutes plus tard, notre égérie est à nouveau peinte en guerre, parée pour de nouvelles prouesses.

— Vous venez, Blanc ?

Elle semble le snober ; le dédaigner, même. Maintenant qu'elle baise turc, elle nous tient, au plumard, comme quantité négligeable. Tu penses, une race qui commet des génocides, ça chibre plutôt mongol. Le dirluche de l'Agence Höyüyü, il doit calcer ses clientes fastoche à la brutale, leur écarquiller les orifices comme le fait le représentant d'une horde venue d'Asie.

Jérémie sent tout ça. Et cette constatation ne lui rebecte pas le mental.

Ils partent.

Je joue les mères au foyer.

Et ce qui doit arriver se produit. Vaincu par l'épuisement, je m'endors sur la table, le visage enfoui dans mon coude. Sommeil de détresse, lourd, nauséeux. Une profonde « malcontence » est en moi, endémique. Elle me poursuit jusque dans ce qui devrait être l'inconscience. Mais le sommes-nous jamais, inconscients ? Souvent, je me demande si « après », il n'y aura pas encore cette permanence de moi-même qui me fera chier dans l'au-delà. T'imagines la désilluse du mec qui se suicide, à bout de « patience », et qui se rend compte, une fois que sa cervelle a explosé sous l'impact de la balle qu'il s'est tirée dans la bouche, que RIEN n'est solutionné et que ses problèmes, son désespoir et ses tourments sont toujours là, fidèles au poste !

Ça, je te jure que je le sens. On n'échappe plus à soi-même. Quand t'existes, c'est pour toujours. Ils sont épris d'éternité, tous ces cons : eh ben, ils l'ont ! Leur terreur c'est de FINIR ; la mienne, c'est de DURER. Je suis un convoiteur de néant ; je rêve de la PAIX INTÉGRALE, celle qui anéantit plus blanc que le blanc. A quoi bon dormir, Antoine : tu vas te réveiller et ce sera un peu plus laid qu'avant de roupiller. C'est chaque fois un peu plus laid qu'avant. Qu'à la fin tu te demandes si tu trouveras encore la force de dégueuler.

Moi, l'autre soir, à la téloche, je regardais, j'écoutais un « débat ». La guignolade suprême. Six leaders politiques derrière six pupitres, de la gauche gauche à la droite droite. Tellement de temps que je peux plus les souder, ces cons. Mais je trouve la force (il en faut) de les regarder encore. La fascination de la charogne grouillante d'asticots. La mort qui bouge de sa décomposition ! Six vrais grands gros, sales cons éculés, n'ayant plus la moindre importance, fût-ce pour leur propre carrière. Cette fois ils étaient debout, une heure de temps. Heureuse innovation ! C'est ceux qu'on ne considère plus, qu'on laisse debout. Ou alors le vrai grand chef.

Ces six grands, gros, sales cons peinaient de leur verticalité, à mesure que le temps passait, s'entortillaient une jambe après l'autre, déhanchaient, prenaient appui du coude, mobilisaient leur reste d'énergie pour proférer leurs dernières sottises. Ils étaient si vains, superflus et grotesques, que la honte et la pitié agacée se le disputaient en moi. Je rêvais d'une trappe, derrière le pupitre, qui s'ouvrirait sous eux après leur déconne, avec un toboggan pour les conduire sur un tas de fumier à une allure de bobsleigh. Comment peut-on encore les regarder, ces enfoirés ? Vite, un prêtre, que je m'en confesse, des fois que l'infarctus viendrait me chicaner à l'improviste.

« Pardonnez-moi, mon père, parce que j'ai péché. Je m'accuse d'avoir consacré de précieuses minutes de ma vie à contempler six merdes verdâtres, posées à la verticale contre un pupitre qui leur servait de tuteur ! Je m'accuse d'avoir

souillé ce temps sacré que vous m'impartissez, à
déguster de l'essence de mépris délayée dans du
fiel (moi qui suis tant tellement fait pour aimer !)
au lieu de consacrer ce morceau de durée à lire un
bon livre, à visionner un bon film, à écouter de
jolies chansons, à bouffer la chatte d'une gentille
dame, à prier Dieu, à contempler de la peinture, à
me laisser turluter le chinois. »

Seigneur ! Comme leur redondante insignifiance
reposait sur un consensus parfait ! Enfin unis par
la connerie ! Par la répulsion qu'ils provoquaient !
Par l'insignifiance sentencieuse de leurs propos.
Six cadavres encravatés ! Onze yeux qui reflétaient
le vide du vide, là où s'opère cette alchimie
mystérieuse qui transforme le rien en merde !

Précaire repos. Mon insatisfaction profonde
tourne à l'angoisse. Je finis par m'éveiller en
sursaut.

Mais ce réveil n'est pas spontané, contrairement
à ce que je crois dans l'instant. En réalité, on
toque à ma porte. Je vais entrouvrir légèrement
l'huis. Je sais qu'il ne s'agit pas de Béru car le Gros
entre toujours sans frapper (souvent, il frappe
après être entré). Me trouve en présence d'un
beau Turc balancé colosse, portant une blouse
blanche, des poils crépus sur la poitrine, des
baskets cradoches et six stylos dans la poche
supérieure de sa blouse.

Il a un mouvement de tête, puis me tend un
feuillet de papier à en-tête de l'ambassade de
France. J'en prends connaissance :

COUSIN FRILEUX
Prière de remettre les colis aux porteurs.

PARIS
Je plie le message en quatre, le serre dans ma

poche et désigne la couche nuptiale des deux lascars. Le pseudo-infirmier s'avance, regarde, acquiesce.

— Moment ! il dit.

Et il repart pour revenir deux minutes dix secondes après, flanqué d'un copain également en blouse blanche et coiffé d'une casquette à visière noire. Ils portent une civière roulée, la déplient et chargent Tommaso dessus. Puis ils procèdent à un second voyage pour évacuer Boris Kelfiott. Je crois assister à un remake de la scène que j'ai vécue avec Violette l'autre soir, à l'hôtel *Thagada Veutu*. Tout s'opère dans un complet silence. Juste le crissement des semelles sur les mauvais parquets. Les heurts du transport et le souffle des infirmiers en charge. Je ne suis pas fâché d'être débarrassé de ces deux crapules. Je me sens plus léger, tout à coup, comme libéré.

Dis, je vais pas morfondre ici en attendant Béru.

Je bourdonne, moi, dans cette taupinière.

L'agence quoi, elle a dit, Violette ? Höyüyü, t'es sûr ? Elle a bien dû inscrire l'adresse quelque part, consciencieuse comme elle est, non ? Note que ça doit figurer dans tous les bons annuaires de téléphone agréés par les P.T.T.T. (p.t.t. turcs).

Je me rends dans la carrée dévolue à la fougueuse « inspectrice », mais c'est un coin pauvret, chiche, dans lequel elle n'a guère eu le temps de s'installer. Le désert. Rien sur la méchante table de bois blanc. J'en ouvre le tiroir. A l'intérieur, je trouve une boîte de plastique blanc qui me rappelle quelque chose. Je souffle dans ma mémoire pour la gonfler un peu. Ça y est, ça me revient. C'est là-dedans que Mathias conservait son maté-

riel (seringue et produit) destiné à rendre les gens
loquaces sans qu'ils en gardent le souvenir.

Alors, le gars méziguche, fils aîné, unique et
préféré de Félicie, se tient le langage suivant :

Pourquoi le Rouquemoute a-t-il retiré son petit
bousin de sa boîte ? Pourquoi ladite se trouve-t-
elle dans la chambre de Violette et non dans celle
qu'il partage avec Bérurier ? Que faisait Violette
dans la piaule de Mathias quand j'ai perçu un
glissement, lors de mon épique entretien avec le
Bronzé ? D'un coup, ça fulgure. En chaîne. Kif ces
pétards à répétition qu'on lançait sur les trottoirs
dans ma jeunesse où ils produisaient des ricochets
de feu avec un bruit de mitraillette. Trois « pour-
quoi » lancés en salve : tac, tac, tac. Du talc au
tact !

Elle m'a feinté, la pécore. Je la sentais un peu
pâlotte des genoux, aussi ! Ses explications man-
quaient de force convaincante lorsqu'elle m'expli-
quait ses tribulations culières avec le chef de
l'Agence Höyüyü.

Tu veux la vérité, Dorothée ? Elle est revenue
au motel pour y prendre la découverte miracle du
savant israélien. Comme la boîte était un peu
grosse et qu'elle n'a pas de sac, elle en a sorti les
accessoires pour pouvoir mieux les planquer dans
sa culotte, car elle les a embarqués à mon insu ! Ça
rime à quoi, ce cinoche ? Elle m'interprète quelle
pièce du répertoire de l'arnaque, Miss Monré-
chaud ? Oh ! que j'aime pas ! Oh ! la la ! que je
déteste ! Si on se met à me vendre de la salade de
berluc, parmi mes proches collaborateurs, je vais
aller valdinguer chez les gâteux, moi !

Furax, je sors en claquant la lourde. Je suis dans

l'état pétardier où j'ai trouvé Jérémie, tout à l'heure.

Vite, le biniou !

Un type à l'accent de Belleville m'annonce que Son Excellence est prise par la réception qu'elle donne pour célébrer l'armistice de Quatorze-Dix-huit (ce qui fait trente-deux). Je lui réponds rudement (avec l'accent de Bourgoin-Jallieu) que les commémorations de victoire, c'est bien joli, mais qu'elles ne doivent pas pour autant nous conduire à des défaites, alors il me faut M. le consul au trot, voire au galop.

Entre Français, on se comprend et il va chercher le consul parmi la bande de consommateurs de gaufrettes moisies (qui se bousculent dans les salles de réception des lieux diplomatiques) qui, une fois n'est pas costume (comme dit Béru), est en train de se goberger au foie gras du Périgord arrosé de sauternes.

— Ah ! fait-il simplement, en reconnaissant mon timbre de Casanova qui contraint les maîtresses de maison à placer des alèses sur les sièges des femmes.

Et il répète plusieurs fois « Ah ! » sur des tons différents mais chagrins dans l'ensemble.

Comme je tarde à débonder mon micro, il murmure :

— Vous savez déjà ?

— Quoi ?

Je perçois sa déglutition comme on reconnaît un pet de Bérurier dans l'immensité de Saint-Pierre de Rome.

— Mes faux brancardiers viennent d'être attaqués en revenant de chez vous et on leur a dérobé… ce que vous savez.

— Les deux clients ? ai-je-t-il-besoin-de-l'enten-
dre-me-confirmer.

— Hélas ! L'un de mes deux gars a été sérieuse-
ment blessé. Je n'ai pas encore de détails, la chose
vient d'avoir lieu à l'instant.

M. de Pourçaugnac a besoin de tout son sang
bleu originel pour le garder froid (1).

Je ferme les yeux pour adresser un reproche au
Seigneur sans oser Le dévisager pour autant :
« Mais on va donc me faire boire la lie jusqu'au
calife dans cette putain de ville ! » Ça pilonne sans
relâche. Tu sais que je vais prendre mes cliques,
au claque du coin et rentrer chez maman ! Je veux
qu'elle me confectionne un bon cacao avec des
tartines à la confiture de fraise ! Ensuite je trousse-
rai Maria, notre soubrette ibérique, sur son lit qui
sent la lavande. Et puis je disputerai une partie de
dames à Toinet, et après j'essaierai d'appeler
Marie-Marie au téléphone, lui dire que je l'aime
toujours. Depuis le temps qu'on ne s'est pas vus,
les deux...

— Consul, soupiré-je, pourrais-je avoir quel-
qu'un avec une bagnole ?

— Tout de suite ?

— S'il existe plus rapide que « tout de suite »,
je prends !

Il barguigne pas :

— Je vous envoie Cathy, ma secrétaire, avec la
Renault 5 de mon épouse. Au motel ?

---

(1) Raccourci bien dans le style san-antonien. L'illustre
romancier fait ici allusion au sang-froid, les moins cons
d'entre nous l'auront sans doute compris.

Jean-François Revel
(De l'Académie française de Saint-Leu-la-Forêt.)

— Oui, merci. Qu'elle se munisse de l'adresse de l'agence de voyages Höyüyü, *please*.

Oh ! cette panade ! Cette soupe de merde ! Un chprountz pareil, y avait lurette ! Faudra que j'appelle ma gentille copine Elizabeth Teissier, lui demander ce qui débloque dans mon horoscope. Elle aurait pas déconné avec mon thème, la jolie ? Filé mars en carême et Charybde en Scylla, par inadvertance ? C'est pas catho, une embrouille de ce format ! Un virus a dû se glisser dans mon ordinateur privé.

Je sors pour attendre la messagère…

La nuit est douce, presque féerique sur les bords. Je comprends pourquoi elle rechignait à emmener le Noirpiot, la môme. Il lui perturbait le programme. Quelle girie est-elle en train de concocter ? Pourquoi chique-t-elle les cachottières ? Que de points à résoudre (dirait Béru). Y a des nœuds vomiques qu'imaginent que c'est *cool* d'écrire santantonio ! Bande de glandus ! Rien de plus périlleux. La concentration qu'il y faut, grains de courge ! Par moments, je préférerais rédiger un traité sur la parthénogénèse cyclique du puceron du mûrier. Ça se vendrait moins, mais je pourrais rédactionner ça sur une jambe, au lieu de me dévaster le bulbe.

Istanbul, sa principale magie, c'est la mer et les odeurs qui en découlent ; ça renifle le sel, le goudron, le poisson et mille autres parfums venus d'Orient. Odeurs de femmes, d'épices (c'est pareil). Odeurs d'huiles rancies ou frites, odeurs de ferrailles aussi. Odeurs de plantes entêtantes, de coquillages attardés…

Quelque part retentit de la musique nasillarde,

de celle qui te fait grincer l'âme : aigrelette et lancinante comme un appel qui ne cessera jamais.

Je m'assieds sur une espèce de plot qui servait à maintenir un panneau (signalant probablement le motel) mais qui a été arraché depuis lurette.

Autre « pourquoi » : comment se fait-il que le Gros ne m'ait pas encore rejoint ? Ça cagate, mon lapin ! Ça cagate de tous les bords. Seule chose positive : l'exécution réussie de Carlos par Simon Cuteplet. Il a peut-être du gnocchi en guise de zifolo, le mercenaire, mais quand il s'agit de rectifier ses contemporains, il est médaillé olympique !

Une petite chignole débouche dans la rue tranquille. Bref appel de phares. C'est la môme Cathy.

J'ouvre la portière passager et je monte.

— Mille grâces, douce amie, quelle joie de vous retrouver sous ce ciel clouté d'étoiles.

Je m'aperçois qu'elle a les traits crispés et l'on distingue sa pâleur au clair de lune.

— Ça n'a pas l'air d'aller fort ? m'inquiété-je, car je suis un être pétri de sollicitude.

— Je souffre beaucoup, soupire-t-elle.

— Qu'avez-vous ?

Elle embraye, puis maussade :

— Eh bien... c'est votre ami, vous savez bien ?...

Je me rappelle alors les rudes dégâts provoqués par le membre d'Alexandre-Benoît dans le plissement alpin de la donzelle. C'est vrai qu'il éprouve toujours (ou presque) des difficultés à « s'engager » dans une histoire d'amour. Il doit préparer le terrain avec soin et progresser lentement, en ménageant des aires de repos. Généralement, la nature l'assiste, comme pour se faire pardonner l'une de ses anomalies. Pourtant, il semblerait qu'avec la secrétaire du consul, l'affaire ne soit pas réglée. Il a fait un loupé, Béru.

— Des séquelles ? interrogé-je prudemment.

Car il est délicat pour un gentleman de questionner une dame à propos des ennuis que sa chatte lui cause. Il peut (et doit) « l'entreprendre » totalement dans l'étreinte, mais aussitôt après, ça devient *verboten*. Une fois que ta partenaire s'est payé sa petite séance équestre dans les écuries Jacob-Delafon, tu passes pour goujat si tu fais la moindre allusion à son petit entre-deux Renaissance. La cérémonie est finie, madame reprend ses droits imprescriptibles sur son cul. Normal !

— Je peux à peine m'asseoir, pleure-t-elle en me découvrant qu'elle a glissé un coussin de crème de duvet sous ses miches ; et marcher encore moins ! Ce vandale m'a forcée, commissaire. Que dis-je, forcée ! Dé-fon-cée. De quelle façon ferai-je l'amour, dans mon état, comme cet anormal est probablement unique de son espèce, je devrai, désormais, dans mes moments d'abandon, me servir d'un mortier à purée ? D'une borne d'incendie ? D'une trompe d'éléphant naturalisée ?

Des larmes coulent dans son maquillage de scène.

La pitié me saisit devant ce dénuement de la femme au sexe démantelé. Dure épreuve !

— Ne vous tracassez pas, Cathy. Il existe de puissants astringents qui, sans vous redonner votre virginité première, vous permettront du moins de faire bonne figure dans l'étreinte. Dès que la douleur s'atténuera, nous aviserons pour vous mettre entre les mains d'un spécialiste averti. Le

professeur Labagouze, de Lyon, fait des mer-
veilles en la matière. C'est lui qui traite les jeunes
femmes de la famille royale britannique et qui
« accompagne » au mariage une quantité de prin-
cesses légères, filles de milliardaires nymphowo-
men, comédiens homos qui, sans lui, ne pour-
raient plus prendre leur température depuis long-
temps.

Un peu rassérénée, elle murmure :

— Vous êtes gentil.

Elle reprend, aimable :

— Vous comprenez, vous, c'est très bien, mais
alors très très bien, sans tomber dans l'anomalie !

— Comment le savez-vous ?

— Une confidence de Violette !

C'est vrai que ces dames se sont interprété le
concerto pour deux mandolines ! Ben, il lui reste-
rait toujours cette superbe ressource, à la Cathy, si
elle n'arrivait pas à s'amidonner le cratère : une
lichouillette sur le pourtour du *green*, ça ne mange
pas de pain.

— Vous savez où se trouve l'Agence Höyüyü,
ma puce ?

— C'est à deux pas de chez mon dentiste.

Elle conduit sec, la petite tire nerveuse fait du
slalom dans la circulation. Je regarde fréquem-
ment par la lunette arrière, vérifier que nous ne
sommes pas suivis. Tout me semble correct.

Temps à autre, elle pousse une geignerie, dans
les virages, surtout.

— A propos, fais-je soudain, que devient
Simon Cuteplet, notre pote le para ?

Elle hausse une épaule.

— Je l'ignore.

— Il n'est pas retourné au consulat ? effaré-je.

— En tout cas je ne l'y ai plus revu.

Allons bon ! J'espère qu'il ne s'est pas fait « serrer », le cosaque des savanes, après son coup d'éclat à la pension !

Voilà, on arrive. C'est une rue très courte et assez large, en plein centre. Il y a des joailliers, des marchands d'œuvres d'art ou de tapis de luxe. A cette heure de la soirée, l'artère est relativement calme. Miss Fion-défoncé stoppe à la diable à un *corner,* tranquillisée, je gage, par sa plaque « C C ». Elle me montre une enseigne éteinte, posée verticalement sur une façade et qui commence par un énorme « H » représentant un paquebot stylisé, vu de face. Il semblerait que l'Agence Höyüyü soit sur deux étages. Au niveau de la rue, elle forme un renfoncement vitré qui permet une grande surface d'exposition. S'étalent, dans un fouillis savamment constitué, une foule d'affiches, photos, documents de voyages, trophées en tout genre : masques indonésiens, statuettes nègres, instruments de musique exotiques. Je mets ma main en visière devant mes sourcils pour pouvoir scruter les profondeurs de l'agence. Je distingue confusément dans la pénombre un escalier de marbre qui se dresse, avec sa double rampe de fer forgé, au milieu du local.

Retour à la rue pour un examen plus consciencieux de la façade. Les fenêtres en sont éteintes, à l'exception de l'une d'elles dans les vitres de laquelle se lisent des reflets de lumière, malgré ses rideaux soigneusement tirés.

J'opère une brève reconnaissance des abords, espérant voir surgir Jérémie de quelque pan d'ombre, mais zob! Alors je rejoins ma copine Dolorosa.

— Ma mie, je vais me permettre une effraction peu compatible avec la dignité du corps consulaire auquel vous appartenez. S'il y avait du grabuge, ne m'attendez pas.

Elle grimace un acquiescement.

— Si je tenais votre gros flic, murmure-t-elle, je crois sincèrement que je le tuerais.

Je pose un baiser compassionnel sur ses lèvres brûlantes.

— Pauvre chère martyre, lui dis-je, offrez ce mal à Dieu qui, dans Son infinie bonté, calmera votre souffrance tout commé si elle était consécutive à une rage de dents.

Le reste est accompli aussi rapidement qu'est proférée l'exhortation ci-dessus.

Mon sésame! La porte du magasin est en verre Securit, avec une serrure de sûreté en laiton. Les serruriers turcs en sont presque restés au loquet de cabinet, en matière de protection, car j'ai à peine le temps d'introduire le bec aplati de mon petit instrument dans l'orifice que le pêne se déloquette. Il est vrai qu'il n'y a pas grand-chose à secouer dans une agence de tourisme, si ce n'est le matériel de bureau. J'inspecte l'encadrement de la lourde, pour si des fois on y avait inséré une alarme, mais apparemment pas.

Alors j'entre dans cette contrée des rêves. Une superbe gonzesse brune me sourit devant le Colisée de Rome. Un couple archibronzé se roule une pelle devant le Parthénon. Je distingue presque la chatte d'une touriste batave, assise dans une gondole flottant sur le Grand Canal. Un gusman

élégant, l'œil à verger quinze gonzesses par jour,
m'adresse un clin d'œil pas triste depuis le marche-
pied de l'Orient-Express, tandis qu'une petite fille
qui promet cherche à apercevoir les roustons d'un
garde écossais en faction devant Balmoral Castle.

La vie dorée des vacances. Soleil, folklore à
heures fixes, entretenu par le syndicat d'initiative.
Photos garanties ! En avant, le régiment des
touristes ! A l'assaut ! infatigables chevaliers du
Kodak !

Je pose mes tartisses pour me déplacer sans
bruit et m'engage dans les troupes aéroportées de
l'escadrin. Au sommet des marches, t'as le choix
entre deux vastes pièces séparées par des vitres
dépolies. Je m'approche du local éclairé ; on voit
s'agiter des ombres chinoises à travers les pan-
neaux de verre. Onc ne jacte. N'importe qui
pousserait la porte de cette pièce et ferait une
entrée à la Ruy Blas : « Bon appétit, messieurs ! ».
Mais l'Antonio, vieux bourrin de retour,
aime assurer. Alors, au lieu de passer directo à
l'action, il vérifie son environnement. C'est donc
dans la partie obscure de l'agence que je me rends.

Des bureaux, des téléscripteurs, des appareils
comptables, des ordinateurs... Je procède à une
rapide inspection et m'apprête à vider les lieux
lorsque mes sens suraigus sont alertés par un
sentiment de présence. En fait, il provient d'un
bruit léger qui ressemble à celui d'une respiration.
Du coup, je me repaye un petit viron et finis par
dénicher une forme allongée sous un bureau. Mon
stylo-torche entre en jeu.

M. Blanc ! Oui : *him !* Il est là, ligoté comme
dans un film de série « B » (mais plus fortement).
Avec sur la bouche et le nez une plaque de

sparadrap large comme mon mouchoir. C'est à se
demander s'il ne respirerait pas par les oreilles !
Mais faut dire qu'avec la paire de jumelles qui lui
sert de pif, cézigo, il doit posséder des ressources
que le commun des mortels n'a pas. Ses yeux, gros
comme des boules d'escalier en verre, luisent dans
l'obscurité.

Je tranche ses liens puis, ayant saisi un coin de
son bâillon, je l'arrache d'un coup sec.

— Ça joue ? soufflé-je.

Il me sourit domino.

— Fais gaffe à Violette, chuchote-t-il ; elle nous
double.

— Elle ? Tu débloques !

— Je te jure que si. Quand nous sommes
arrivés à l'agence, elle m'a demandé de l'attendre
un instant dans la galerie du bas. Très peu de
temps après, elle est venue me chercher. Nous
sommes montés ici. Au moment où j'allais entrer
dans la pièce voisine, j'ai reçu un formidable coup
sur la tête. J'ai perdu connaissance un instant et je
me suis retrouvé attaché et muselé. Et tu sais que
le Rouquin aussi nous double ? J'ai eu le temps de
l'apercevoir dans le bureau voisin, assis en face
d'un Asiatique à lunettes ; ils semblaient en très
bons termes.

Là, mon cervelet trébuche et ma matière grise
se prend les pieds dans le tapis. Mathias, m'arna-
quer ! Après des années de dévouement dans nos
rangs glorieux ! Mathias l'infatigable qui, lorsqu'il
ne besogne pas sa houri, passe ses loisirs à
inventer pour la Rousse des gadgets précieux !

— Là, tu me souffles ! balbutié-je.

Mais l'homme d'action reprend vite le dessus en

moi. Pas mauviette, l'Antonio sait affronter la pire adversité.

— Combien sont-ils, selon toi ?

Il masse sa nuque puis regarde ses doigts poisseux dans un reflet de lumière.

— Heureusement que j'ai la tronche aussi résistante qu'une noix de coco.

Répondant à ma question, il déclare :

— Exceptés nos deux potes saligauds, le Jaune à lunettes et le mec qui m'a frappé, je crois que c'est tout.

Sans mot dire, je rentortille autour de Jérémie la ficelle qui l'entravait.

— Qu'est-ce que tu fiches ? s'inquiète le négus.

— Je rends les apparences trompeuses. Tu vas te placer dans le couloir et pousser des plaintes sous ton bâillon. Moi, je resterai embusqué derrière la porte. Ils vont venir voir ce qui se passe et penseront que tu es parvenu partiellement à te délivrer.

J'applique le sparadrap sur son museau, mais en le laissant très lâche, puis je recule de deux pas de façon à me dissimuler derrière la lourde de verre qui donne sur la pièce obscure.

— Go, mec ! soufflé-je.

Il fait ça très bien, mon pote King-Kong. Ses gémissements traduisent la souffrance et l'égarement ; ce sont les sourdes plaintes d'un gazier envapé qui a mal.

Leur effet ne tarde pas. Au bout d'un instant, la porte voisine s'ouvre, laissant le passage à une grande armoire baraquée comme le Rockefeller Center. Le gorille apocalyptique pour films style « James Bond ». Tu te rappelles l'affreux à la mâchoire en or ? Ça ! Un zigus de cette ampleur flanquerait la maladie de Parkinson à un régiment de *marines*.

Voyant mon sombre ami recroquevillé devant l'escalier, il éructe en étrusque et lui décoche un coup de saton dans le burlingue.

— Wwwhrahhhaaaaââà !!!! déclare ce pauvre Jérémie.

Dis, je vais pas le laisser massacrer ! Alors, j'interviens. Chouettos ! Imparable ! Elan, rush ! Bourrade buldozeurienne dans le dos du *terrific*. Dommage que ça ne soit pas filmé : t'aurais un document exceptionnel.

Le Gigantesque pousse un cri de défenestré, met ses mains jointes très en avant, dans la position du plongeur d'élite, et valdingue par-dessus l'escalier. En admirant sa trajectoire, j'ai juste le temps de me rappeler que le sol qui va le réceptionner est fait de marbre. Son hurlement de détresse est réverbéré par la hauteur du local. Curieux comme cette chute me semble longue. Et à lui, donc ! Enfin le bruit sourd que j'appréhendais se produit. Lourd, bref, définitif. Le silence qui suit n'est pas de Mozart. Un silence épais comme du sang coagulé.

Dans le bureau éclairé, bref remue-ménage. Apparaissent au coude à coude, Violette et un type courtaud, asiatique, massif, à lunettes. Ils se précipitent avec tant d'élan à l'extérieur, qu'ils se coincent sottement dans l'encadrement. Ridicule ! Moi, sur ma lancée euphorique, tu sais quoi ? Oui, mon chou : un doublé de footballeur réussissant un exploit technique devant les buts adverses. Coup de latte dans la braguette du Jaune, coup de

boule dans la frimousse de ma collaboratrice !
But ! J'ouvre à la fois la marque et l'arcade
souricière de la môme.

Le couple retourne à l'intérieur du burlingue,
mais chacun sur son pétard. L'Asiatique a moulé
ses besicles et ressemble à un hibou qui vient de
trouver sa chouette en train de se faire miser
par un grand-duc. Une mousse blanchâtre sort
de sa bouche aux lèvres minces. Comme je le
trouve antipathique, il a droit à mon talon droit
sur sa pommette gauche. Il opte aussitôt pour la
position allongée. Je palpe ses fringues à la
recherche d'une arme, mais il n'en porte pas sur
lui.

Redevenu galant, je tends la main à Violette
pour l'aider à se remettre debout. D'une secousse
je la redresse. A peine ma main a-t-elle lâché la
sienne que, redevant mufle, je lui écrase une baffe
qui la renvoie dinguer à travers la pièce. Il me
semble que je ne retrouverai jamais mon calme
(comme disait à Québec, le corps expéditionnaire
français en 1759).

Me voilà à nouveau penché sur Violette.

— J'aurais dû me méfier : une morue pareille !
grincé-je-t-il en lui administrant une nouvelle
tatouille.

Elle me sourit à travers son échevelance et le
raisin qui dégouline sur sa vitrine.

— Oh ! oui : frappe encore ! supplie-t-elle.

Et comme mon éberluance stoppe mes coups,
elle dit :

— Comme tu es fort ! Comme tu es beau !
Comme tu es terriblement mâle ! Cogne-moi,
chéri ! C'est trop bon ! Esquinte-moi toute ! Je
veux que tu me brises, que tu me disloques ! Après

tu me baiseras sur le plancher, tu verras : ce sera merveilleux !

— Pétasse hystéro !

— Et comment ! Bats-moi encore, Antoine ! Mets-moi en sang ! Enceinte ! Tout ! Tout, mon grand beau mec !

Ecœuré, je la laisse pour rendormir le taulier d'un coup de mon talon gauche sur sa pommette droite. Qu'ensuite, je m'intéresse enfin à Mathias.

Son cas ne nécessite pas de ma part un gros effort de concentration : il est éloquent. Le Rouquin est tranquillement assis dans le fauteuil faisant face à celui du directeur. L'une de ses manches est retroussée et il est clair qu'on lui a fait une piqûre. Une piqûre — ô ironie — de son fameux produit qui met n'importe lequel de tes semblables à ta complète disposition, sans qu'il en garde le moindre souvenir. Le petit attirail que je connais bien se trouve encore sur le sous-main de cuir du dirluche.

Maintenant, la Violette (de Parme) se roule sur le parquet en criant que je dois la baiser vite, vite, et en arrachant son slip. C'est la grande crise. Qu'heureusement, je vois surgir un vaillant qui ne perd jamais son sang-froid : en l'eau cul rance, M. Blanc. Il porte quelque chose de lourd. Et de partiellement fluide : un seau d'eau puisée aux toilettes. Avec une joie réelle il balance le contenu du récipient dans le portrait de la chienne en chaleur. Radical. Elle cesse de m'implorer et se met à claquer des chailles. Cette fois, nous la relevons pour de bon et l'installons dans le fauteuil directorial. Ses cheveux plaqués sur le visage, ses fards dilués, lui donnent une gueule de noyée, à la Violette.

— Ecoute, sous-merde, lui postillonné-je dans le portrait. Si tu ne t'affales pas complètement, si tu ne me racontes pas toutes tes giries, je te massacre réellement ; et sans te baiser en fin de parcours, crois-le bien. Mords ta frite dans la glace, là, sur la droite, et dis-moi quel chimpanzé couvert d'eczéma, charriant un cul gros comme un potiron et violet comme une aubergine aurait envie de t'embroquer, pute borgne, dégueulade de rat malade, charogne pestilentielle ! Je préférerais sodomiser le Chinetoque, là par terre plutôt que de te toucher autrement qu'avec mon poing, gorgone !

Elle a un pâle sourire. Pas bravache : conquis à tout jamais.

— Tout ce que vous pourrez me dire, commissaire (tiens, elle a repris le voussoiement) ne m'empêchera pas de vous trouver sublime. Vous êtes si noble dans la colère, si beau, si grand que je vous aimerai toute ma vie et n'accepterai jamais plus un autre homme que vous dans mon corps !

— Ce qu'il faut entendre ! soupire Jérémie. Elle dit ça, mais le premier ouistiti qui lui montre son membre, elle lui saute dessus !

Je lui intime de se taire, d'un geste énervé.

— Parle, fais-je à Violette.

Là, elle se ressaisit et devient professionnelle.

— Je comprends que vous croyiez à une trahison de ma part, fait-elle en montrant Mathias. Mais tout ce qui s'est déroulé ici résulte de la volonté d'Achille. C'est sur son ordre exprès que j'ai agi. Vous ne me croyez pas, commissaire ?

Je n'ai pas le temps de lui répondre.

Quatre canons de mitraillettes s'insinuent par l'entrebâillement de la porte.

Une voix féminine lance avec calme :

— Tout le monde les bras levés, face au mur. Sinon ça va être le massacre de la Saint-Valentin !

L'HALLALI LALALÈRE

Toi qui es à moitié con, tu as déjà compris, avec ta bonne moitié, que nous renouons de brusques relations, les « amazones » et moi. Bravo ! Tu es digne de demeurer mon lecteur pendant encore trois décades décadantes, plus les années de guerre.

Nos chères sœurs de la Contraception Contemplative se sont remises de leurs émotions, m'ont recherché et retrouvé. Intraitables Walkyries ! Comment ont-elles pratiqué n'est pas mon affaire. Je le sais pertinemment qu'il y a plein de gens à mes chausses. Fantastique imbroglio ! Quand je traite le cas des tueurs, nous sommes filochés, et puis des mecs (ou des gerces) suivent qui nous suit, et ainsi de suite. Les fausses religieuses nous alpaguent pour nous driver en leur couvent, aussitôt y a du trèpe à la clé, pour nous filer le dur ; si bien que lorsque nous nous évadons du monastère, des dégourdoches en attente n'ont plus qu'à reprendre la poursuite infernale.

Il serait peut-être temps de dénombrer mes adversaires et de les « replacer dans leur contexte » comme « ils » disent puis ces temps. Tu remarqueras « replacer dans son contexte », c'est leur nouvelle dégoulinerie. Ça et aussi « il faut raison garder » : un vieux machin remis au goût du jour par quelque politicard persuadé que c'est de lui. Pour ce qui est de se piquer des formules, ils sont tous d'accord. La « langue de bois » aussi, tiens, ça marche de la gauche à la droite. Les pauvres nœuds pantelants ! Je pensais parvenir à mourir sans vraiment les haïr, mais je commence à piger que ça va pas être possible ! Je craque ! C'est comme une lente et inguérissable (d'Olonne) maladie. Elle m'investit, me contraint. Mourir en état de haïssure, c'est grave, tu sais ! C'est « péché mortel » comme on disait à l'époque du caté.

Je m'étais confessé un samedi pour communier le lendemain. Et voilà-t-il pas que je rencontre la petite Masson, Huguette Masson. Déguisée en Chaperon Rouge, elle allait porter je ne sais quoi à sa grand-mère malade (peut-être une galette et un pot de beurre, après tout ?). Je l'ai accompagnée. La grand-mère était veuve et moribonde dans une grande bâtisse froide qui puait la pisse de chat. J'ai attendu Huguette dans la cuisine où le lourd tic-tac de la grosse horloge à balancier grignotait les derniers instants de la mère-grand que le loup travesti en Mort allait bientôt venir boulotter.

Quand Huguette est redescendue de la chambre, je l'ai saisie par-derrière et j'ai retroussé sa robette. Elle portait des bas de laine maintenus par des élastiques et une culotte « Petit Barlu », plutôt rude, fixée à la taille par des boutons. J'étais si ému et si gauche que je n'ai pu en défaire qu'un seul. A peine de quoi passer la main pour caresser sa petite minouche. C'était excitant. Le sang carillonnait dans mes baffles. Mais je ne triquais pas. Je pensais que j'étais en train de me flanquer en état de péché mortel, ni plus, ni moins. Je n'avais dans le cigare que ma communion du lendemain. Si j'allais à la sainte table avec des doigts sentant la chatte, j'étais bonnard pour l'excommunication, les feux de l'enfer, la féroce damnation sans appel.

J'ai bricolé l'Huguette un moment, juste pour dire de constater de quelle façon ça se présente, une figue. Et puis on est rentrés sans parler. Le dimanche, j'ai chiqué à l'angine pour ne pas me rendre à l'église. Du même coup, j'ai fait tintin pour le match de baskett de l'après-midi : Ruy contre Saint-Alban-de-Roche ! Mais quoi : j'ai toujours traîné avec moi un certain sens du devoir.

Je t'ai pas encore parlé du commando qui vient nous braquer. Il comporte la Chinoise de l'après-midi, sa copine anglaise, et puis deux types jeunes, blonds et couperosés.

— Vous constatez, commissaire, me dit l'Asiatique, je ne peux me passer de vous.

— Vous m'en voyez ravi, ma révérende.

— Où est votre gros copain ?

— Il joue le rôle du dieu Priape dans une rétrospective hystérique.

— Et l'homme qui gît en bas, avec la tête fracassée, qui est-ce ?

— Un parachutiste qui a raté son saut, mais je ne le connais pas.

Elle ne sourit même pas à cette excellente facétie.

— Le moment est « réellement » venu de nous indiquer où se trouvent Kelfiott et Tommaso, affirme-t-elle.

— Si je le savais !

Gros soupir à fendre une bûche du bien-aimé San-Antonio.

— Non, pas ça ! rouscaille sœur Lajaunisse. Pas vous ! Pas avec moi !

Je hausse les épaules, ce qui est très difficile lorsqu'on tient ses deux bras levés.

En termes choisis, nets et concis, je lui raconte ce qui vient de se passer : fausse ambulance, attaque d'icelle, enlèvement des gredins.

Elle m'écoute, plissant ses paupières, au point que son regard ressemble à deux coups de canif dans une orange pas très mûre. Me croit-elle ? Franchement, il me semble que oui. Derrière son doute endémique, luit la petite lueur de la crédulité.

— Qu'est-ce que c'est que cette agence de voyages ? demande-t-elle au bout d'un moment. Je la trouve assez singulière.

— Pas plus singulière que certain couvent de ma connaissance, ma bien chère sœur ! rétorqué-je avec un à-propos qui flanquerait des coliques de plomb au Bonhomme en bois des Galeries Barbès (que le dieu des menuisiers ait son âme !).

— Que faites-vous ici ? reprend-elle.

— Cela, vous allez devoir le demander à la ravissante personne que voilà, fais-je en désignant Violette.

La Chinoise (peut-être est-elle en réalité coréenne, philippine ou thaïlandaise, j'ai pas son pedigree sous la main) se tourne vers ma « collaboratrice ».

— Eh bien ?

— Rien à déclarer, assure calmement Violette.

L'autre va se fâcher, c'est certain. Mais une

diversion s'opère, car ce puissant ouvrage est plus fertile que la Beauce en coups de théâtre. Dans les grands magasins Santantonio, ça ne chôme pas ! Il s'y passe toujours quelque chose !

Voilà qu'un des gars blonds soubresaute et tombe en se tordant spasmodiquement. Illico, son pote qui se tenait à son côté en fait autant. Et puis c'est le tour de l'Anglaise. Là-dessus, le bureau s'éteint. Alors une salve de mitraillette déchire rageusement l'obscurité. Des balles mordent mes fringues, font exploser des vitres, arrachent des cris de douleur. Confusion (non pas indescriptible, puisque je te la décris avec mon extraordinaire brio) totale !

Je sors ma loupiote, en promène le faisceau fantôme alentour. La Chinoise qui se tenait devant moi a dégusté dans les loloches et crache le sang en respirant comme une moissonneuse-batteuse du début de l'ère chrétienne. Mon pote Jérémie a la manche droite de son veston hachée et du sang dégouline jusqu'à sa main pendante. Juste Mathias qui s'en tire indemne parce que étant assis. Il continue d'avoir l'air serein et de ne pas se poser de questions.

Violette a morflé une bastos au défaut de l'épaule, ce qui a entaillé son joli cou. Quand à moi, j'en ai dérouillé une au-dessus de l'oreille gauche. Que de sang ! On se croirait dans du Rambo ! Ça fait vite de l'effet, le raisin, quand quatre personnes hémorragent à la fois !

A présent, j'abaisse mon stylo-laser pour examiner les trois mitrailleurs qui ont été les premières victimes. Oh ! dis donc : il en a dans le chou, le Jaune à besicles ! Profitant de sa posture inanimée sur le parquet, il a, silencieusement, pris un

prolongateur de courant, sous une table de
bureau, a dénudé l'une de ses extrémités, branché
sa fiche dans une prise placée au ras du plancher
puis, mine de rien, sans presque avoir à remuer, il
a mis les fils dénudés en contact avec les chevilles
des copains de la Chinetoque, les foudroyant
alternativement (avec de l'alternatif, normal,
non ?). Ensuite de quoi, il lui a été fastoche de
faire disjoncter l'électraque en remplaçant la prise
par un corps étranger. Ramasser l'une des mitrail-
lettes, arroser l'assistance et se casser presto, n'a
plus été qu'un jeu d'enfant.

Je fonce dans le couloir, actionne un commuta-
teur : zob !

Je dévale l'escadrin, file en direction de la
porte et me casse le nez sur une silhouette qui se
pointait. Les lumières extérieures me rensei-
gnent : il s'agit de Cathy, la secrétaire du consul.

— Il est arrivé un malheur ? demanda-t-elle.
J'ai entendu des détonations.

— Un type vient de sortir, coupé-je. De quel
côté s'est-il enfui ?

— J'ai vu entrer des gens, répond-elle : deux
hommes et deux femmes, il y a dix minutes, mais
personne n'est ressorti !

— Alors il a emprunté une autre issue ! m'écrié-
je.

Et je cavale vers le fond de l'agence. Fective-
ment, je découvre une zone accessoire qui sert
d'entrepôt pour stocker des prospectus, des bro-
chures, du matériel de burlingue. S'y trouvent une
kitchenette, un lavabo, des gogues. Plus une porte
infermée donnant sur un couloir. J'emprunte
celui-ci. Il s'achève devant un escadrin de ciment

qui s'enfonce dans le sol. Je le dévale. Nouvelle porte, en fer celle-là, mais entrouverte.

J'entre. Une musique orientale m'explose dans les manches à air. Nasillarde, tambourinesque. Pas besoin de m'organiser une conférence avec projection de diapos pour me faire entraver : je suis dans les coulisses d'une boîte de nuit.

J'avance à pas de loup entre des tentures noires, guidé par une lumière qui va s'intensifiant. Ça pue le parfum de souks, la sueur femelle, la poussière surchauffée. Je me déplace, le dos collé au mur, en évitant de trop agiter les rideaux qui se succèdent, molles et pesantes barrières. Le spectacle bat, tu sais quoi ? Oui, gagné : son plein ! Sur scène, des nanas font la danse du ventre. J'en ai brièvement aperçu une par une fluctuante échancrure des tentures. Positivement nues. Cache-pomponnette en duvet, ceinture de perles tintinnabulantes. A l'arrière, c'est-à-dire très proche de moi, un orchestre de quatre ou cinq mecs qui vacarment comme tout le Philharmonique von Berliner en plein Wagner. Sauf que c'est de la musique figues et dattes qu'ils jouent.

Alors je m'immobilise, alerté par une évidence : le mec aux lunettes, le Jaunassou, est tout près de moi. La scène sur laquelle donne la porte de fer est en plein fonctionnement puisque le spectacle sévit. Il n'a pu en descendre alors que les danseuses sont en train d'écrire huit mille huit cent quatre-vingt-huit avec leur nombril. D'autre part, les coulisses du cabaret sont situées de l'autre côté. Je suis côté cour et elles se trouvent côté jardin. Pas de problème : le fuyard est à deux ou trois frises de moi.

Je me fais minuscule, silencieux comme une

mouche en train de pratiquer la brasse coulée dans
un bol de lait. J'écarte doucement le pan de
velours noir placé verticalement devant moi.
Grâce à la vive lueur des projos, je distingue la
silhouette massive du gars plaqué contre le mur.
Le faisceau intense prolonge son ombre sur la
paroi grise.

Un tonnerre d'applaudissements éclate. Ces
demoiselles à l'abdomen monté sur roulement à
bide viennent d'achever leur prestation. Une
bande de surexcités les acclame.

Un présentateur en smoking et gibus blancs se
radine avec son micro de scène. Un faux blond à
l'œil de biche, aux grâces langoureuses. Plus pédé
que lui, y a que l'oléoduc. Il fait réapplaudir la
troupe de ballerines abdominales. Puis, facétieux,
il demande si, dans la sympathique assistance
quelqu'un est partant pour en faire autant ? Il le
dit en turc, anglais, allemand, français. Personne
ne se porte volontaire. Alors il déclare qu'il va
choisir un spectateur qui devra rivaliser avec les
Dark Bell Girls. Il interpelle un homme du
premier rang. Le fait dans les quatre langues. Sa
« victime » ne se fait pas trop tirer l'oreille. La
salle hurle de rire. Et qui vois-je arriver sur la
scène ? Mister Béru en graisse et en os !

J'en reste comme un trou du cul sur un perchoir
à perroquet. Que fiche donc le Gros dans ce
cabaret, alors que je suis censé l'attendre au
motel ? Il est là, ébloui par les lumières, saluant à
la romaine ces gens que ses yeux aveuglés par les
projecteurs ne lui permettent pas de distinguer. La
gentille « présentateur » lui demande de se dévê-
tir. Ce dont il. Le rire va croissant (en Turquie,
c'est normal). Voilà donc notre homme (en

anglais : *our man*) loqué de son seul slip à
l'élastique avachi, et en chaussettes dépareillées.

Un murmure étonné passe dans l'assistance. Les
spectres tâteurs se demandent ce que peut bien
être cette masse incertaine qui pèse dans la hotte
kangourou du sous-vêtement.

Les musicos crincrintent. Mélopée (de nonne)
lancinante. Tambourins, clarinette acide, cour-
gette à cordes. Le Mastar se lance dans une
démonstration grotesque, tortillant son énorme
ventre, son énorme cul. Bien vite, à ce régime, son
slip déclare forfait. Sa grosse moulinette farceuse
se met à tourbillonner à toute vibure. Le public se
tait, muet de stupeur. La force centrifuge émous-
tille le braque géant, le rendant plus géant encore.
Dès lors, la présentatrice ouvre grand la bouche. Il
voudrait un pied à coulisse pour contrôler si cette
chose éléphantesque est encore praticable, ou s'il
s'agit d'un leurre (pardon, monsieur : vous avez le
leurre ?).

Spectacle rarissime. Personne, dans le public,
ne croit au côté fortuit de cette prestation. Tout le
monde est persuadé qu'un tel phénomène appar-
tient à la troupe, qu'il constitue le clou (de
charpentier) du numéro. On recommence à
applaudir (les dames surtout).

Trêve de délirade, il me faut affronter la situa-
tion. Elle est réglable. J'empoigne le feu, hérité
des récentes tribulations, par le canon, et me livre
à une estimation concernant l'emplacement de la
tête du fuyard derrière la tenture qui nous sépare.
J'arme mon bras, à défaut de l'arme. Et vlan ! Mes
repères étaient bons. Le choc est rude ! Malgré la
viorne qui musique, je perçois comme un craque-
ment. Je me précipite sur le gazier pour qu'il

s'affaisse en souplesse, et non sur la scène où ce nouveau gag ferait sensation.

Je parviens à le maintenir collé au mur et j'accompagne sa chute. Le voilà bientôt allongé à mes pieds. Bérurier continue de faire un triomphe. Le jeune est tout rouge car je lui ai éclaté le pif ainsi que deux ou trois arcades sourcilleuses, et t'as rien qui raisine davantage que la frite d'un type.

Et à présent ?

Je module un petit sifflement caractéristique, du coin de la bouche. Je suis le seul à réussir ce son. Même dans un vacarme, même couvert par un orchestre, il atteint les tympans auxquels je le destine. A preuve : l'émérite danseur de la panse ne s'y trompe pas. Il tressaille, tourne la tête dans ma direction. Je lui adresse un signe péremptoire afin qu'il me rejoigne après son numéro de quéquette tourbillonnante.

Lui, il ne s'étonne pas. Moi ou l'archange Gabriel qui l'interpelle, pour lui c'est kif-kif.

Il conclut sa danse, se fait ovationner, le bras levé, la pine dodelinante, puis ramasse ses hardes posées sur une chaise et me rejoint, comme s'il entendait s'isoler pour se refringuer.

— Chope ce zig sur tes endosses et suis-moi ! lui enjoins-je, en lui prenant ses fringues pour faciliter sa liberté de manœuvre.

Il ne demande aucune explication. Nous caltons en direction de la porte de fer.

TERMINUS

J'ai beau rétrospectiver, sonder ma mémoire comme on sonde une vieille vessie déglinguée, je ne me rappelle pas que Sir Achille, notre vénéré Dirlo, soit jamais venu m'attendre à un aéroport. Et lui, il fait mieux : c'est à la passerelle du Boeinge qu'il se tient, Pépère, assis dans une Renault Espace, derrière le chauffeur. Sur le pare-brise du véhicule, un écriteau avec trois lettres rouge : « V.I.P. » *(very important person)*.

Une hôtesse agreste (comme dit Béru, pour accorte) nous a priés de descendre les premiers et nous guide jusqu'à l'auto. Le Vieux est impressionnant : costume noir, chemise blanche, chapeau noir à bord roulé, gants gris ; il a une canne de bambou à embout de caoutchouc entre les jambes et tient ses deux mains superposées sur le pommeau. Jamais son regard ne fut plus glacial, ni son visage davantage marmoréen.

— M'sieur le direqueur ! s'exclame le Gros, c'est gentille d'viendre nous chercher !

Le mutisme rigoureux du Dabe lui répond, si je puis dire. Violette se dépose hardiment sur le siège voisin du sien. Je prends place avec Mathias sur la même ligne, de l'autre côté de l'étroite travée. Jérémie et Béru, en bon subalternes, s'installent derrière.

— Il en manque un ! grince l'Achille au pied léger. Il m'a été dit qu'il était parvenu à mettre hors d'état de nuire le trop fameux Carlos ?

Il aime les expressions badernes, Chilou : « mettre hors d'état de nuire », « attenter à ces jours » en font partie.

J'ouvre mon maigre sac de voyage et en sort un journal turc du jour, imprimé en anglais qu'on m'a proposé dans l'avion du retour.

— Je crois savoir que vous pratiquez couramment la langue de Shakespeare, monsieur le directeur ? ampoulé-je, pas être en reste de jactance mondaine.

A la une s'étalent deux photos : celle qui a été publiée dans l'édition de la veille et une seconde qui représente Simon Cuteplet, archimort. Le titre et l'article expliquent qu'il s'est produit une fâcheuse méprise, la photo d'hier avait été prise avant le passage du corps à l'institut médico-légal d'Istanbul. Là-bas, on a découvert que l'homme n'était pas « poilu » et qu'il portait des postiches. Dure a été la chute pour moi ! Ainsi, je m'étais berluré de première en croyant avoir la preuve que le mercenaire expédié par le Vieux avait eu raison du fameux terroriste. En réalité, c'est lui qui s'est fait repasser par « l'insaisissable ». Carlos l'a alors affublé de ses : perruque, fausse barbe, fausse moustache et s'est fondu dans la nature. *Prima !*

Pépère ligote tandis que la perfide Violette lui gouzille aimablement la prostate à travers son bénoche. La vie reprend, simple et tranquille.

Pendant que le Dirluche lit le papier, Béru soupire :

— Hier soir, quel dommage que j'n'eusse pusse r'tourner à ma table après ma danse du vent'.

— Du bas-ventre ! rectifié-je. Qu'est-ce qui motive ce regret ?

— J'avais l'vé une poupée d'rêve, Grand. Dont j'l'ai connue au bistrot où j'sus z'été suvant ton conseil. Une très brune, av'c d'la moustache et des grains d'beauté gros comme des cafards plein l'portrait. Ell' f'sait foraine, si tu voyes ce qu'j'veuille dire ? Mais attention : pas la foraine toute venante, genre marchande d'barbe à papa ou d'pommes camérilisées. La foraine d'l'élitre, quoi ! Celle qui tient la grand' loterie où c' qu'les lots sont tous des z'œuv' d'art : tapis persans, tableaux de Van Gogues, porc'laines d'Limoges, et j'en passe des plus rutilants... N'en réalité, ell'n'était pas foraine, mais entre-traîneuse à la boîte que tu m'as rencontré. J'inaugurais bien d'la noye. J'l'avais fait palper Popaul sous la table et ell' en bavait des ronds d'serviette, comme quoi, pas un Turc m'rivalisait. La pauv' gosse, quand j'pense qu'la boutanche de roteux a été pour ses pinceaux !

Il soupire profond, sur l'air de « La valse des regrets ».

Le Vieux me rend le baveux d'un geste brusque.

— Décidément, c'est l'échec complet. Eh bien soit, j'aurai achevé ma carrière sur un énorme ratage. De la faute à qui ? A vous, San-Antonio ! A vous seul qui pourtant aviez à votre dévotion des collaborateurs exceptionnels.

Il se dégante pour glisser sa main sous la jupe de Violette.

— Très exceptionnels ! répète-t-il. Et puis voilà : à cause de votre incapacité, c'est fichu. Je rédigerai ma démission en arrivant au bureau. Ce sera le déshonneur. Je m'expatrierai. Dur sera l'exil... Monaco ou Lausanne ! Peut-être la Costa del Sol, parmi les truands londoniens. Quoique l'Andalousie est trop proche de l'Afrique du Nord. Un de ces jours « ils » vont redébarquer et, cette fois, vous pourrez toujours attendre Charles Martel ! Alors ce sera la Floride, tant pis. Peut-être même l'Uruguay : le quartier résidentiel de Valparaiso est charmant. J'aurai Jacques Médecin pour le bridge. Vous savez s'il pratique le bridge, Jacques Médecin ? Vous l'ignorez ? Vous ne savez rien, quoi ! C'est tout de même anormal d'avoir pour principal auxiliaire un flic qui ne sait rien !

Je sens atteint mon seuil de tolérance.

— Pourquoi la démission ? Et où est le déshonneur ? Vous pouvez me le dire ? l'apostrophé-je avec humeur.

Surpris par ma rebuffade, il cille, puis rajuste son dentier en s'aidant de la langue et de l'auriculaire.

— Mon cher, riposte-t-il une fois opérationnel, deux grandes nations sur les fesses, c'est trop pour un fonctionnaire français, fût-il très haut placé et nanti d'appuis nombreux. J'ai contre moi l'Angleterre et le Japon ! C'est-à-dire la perfidie et la puissance industrielle. Le Foreign Office et Honda sont des adversaires trop forts pour moi.

— Pourquoi Honda ? demande Béru.

— C'est une image, rebuffe le Vioque.

— J'avais pas r'marqué, s'excuse le Placiderme.

— Alors ne vous mêlez pas de la conversation,

Bérurier ; soyez con en silence, mon vieux, c'est la moindre des politesses !

— Bien, m'sieur le directeur. Moi, j'vais t'êt' l'con qui s'tait ; à vous d'parler !

Le Vieux interpelle le conducteur, un agent de peau lisse (il a subi de graves brûlures consécutives à l'explosion de son briquet à gaz) :

— Duburne ! Arrêtez-vous dès que vous trouverez à stationner !

— Bien, monsieur le directeur ! Il y a précisément une station d'essence à moins de deux cents mètres.

— Elle fera l'affaire ! Voilà... Placez-vous à l'écart. Maintenant, allez pisser, mon vieux, et boire un café, s'ils en servent. Bérurier et le nègre vont vous tenir compagnie. Vous verrez : M. Blanc est très gentil ; il a de grandes dents mais ne mord pas. On vous fera signe quand vous pourrez revenir.

Les trois hommes s'évacuent. Avant de claquer la portière, Jérémie lance au Dabe :

— Regardez-moi, monsieur le directeur. Regardez-moi bien. Vous croyez que je suis noir, n'est-ce pas ? Mais en réalité, je suis blanc comme un linge. Avant que vous ne donniez votre démission, moi je vous fous la mienne ! Une dernière chose : vous êtes un vieux con et je vous méprise. Inutile de me raccompagner, je prendrai le bus pour rentrer à Paris.

Il s'en va à grandes enjambées, coursé par Béru.

— Qu'est-ce qui lui arrive ? murmure Achille, sidéré. Môssieur à des états d'âme ? Charmant ! Si les Noirs se mettent à nous insulter, maintenant, où va le monde ? Vous savez qu'ils sont devenus racistes, ces macaques ? Ah ! Jean-Marie n'a pas

tort, allez. Bon. Je reprends l'affaire. Il le faut.
Nous sommes entre nous, on parle à peu près le
même langage. Certes, je suis le plus intelligent
mais je sais me mettre à votre portée.

« Un agent secret britannique apparenté à la
famille royale est assassiné à sa descente d'avion.
L'autopsie permet de découvrir qu'il a ingéré une
capsule de plastique contenant un document mys-
térieux. Je vous confie cette affaire en vous
recommandant la plus grande célérité, la plus
totale discrétion. J'ai confiance : vous avez déjà
fourni des preuves de votre compétence. Je me dis
que tout baigne. Que les Anglais vont sûrement
râler, mais c'est dans leur nature et je les emmerde
avec une telle ferveur ! Hein ? Que dites-vous ?
Rien ? Moi, si ! Vous voici donc en chasse avec la
tendre Violette... »

Il élève la main d'icelle jusqu'à ses lèvres et la
baisote avec une fougue collégienne, comme si
elle venait de le débarrasser de son pucelage.

— En un temps record, poursuit-il, vous me
retrouvez les canailles assassines à Istanbul.
Bravo ! Seulement voilà que le Foreign Office me
déclenche un tir nourri de missiles dominiciles qui
me transforme les roupettes en piles électriques.
Ces crâneurs à perruques exigent qu'on leur
remette les meurtriers. Je ne demande que ça !
Qu'en ferais-je, sinon ? Vous pouvez me le dire ?
Je leur ai déjà refilé le cadavre, puisqu'il leur
appartenait ! Mais il leur faut également l'assassin.
Et il le leur faut VIVANT ! Vous entendez cela,
mes chers subordonnés ? Vi-vant ! Pour quoi faire,
vous avez une idée ?

— Pour le tuer ! réponds-je.

Il sursaute.

— L'esprit de vengeance poussé à l'extrême ?

— Avant de le trucider, ils tenaient à le questionner, reprends-je.

— Ah ! moui ?

— Moui, monsieur le directeur.

— Mais c'est un tueur à gages (enfin, ce sont, puisqu'ils étaient deux à perpétrer). Leur rôle était de le supprimer, point à la ligne. Que peuvent-ils raconter sur cet homme ?

Je souris et réponds en italiques, détachant bien chaque syllabe tombée de Charybde :

— *Pour pouvoir assassiner le Lord, ils ont dû le suivre, C.Q.F.D., donc ils sont en mesure de dire si « Cousin frileux » avait rencontré quelqu'un depuis sa descente de l'avion de Tokyo et, si oui, d'en faire la description ! C'est ledit quelqu'un qui les obsède et non les tueurs !*

Pépère en soupire de tous ses orifices, y compris des oreilles.

— Ah ! ben oui, chuchote-t-il. Ah ! oui, ah ! oui, c'est juste ! Mais bien sûr ! Mais comment donc ! Certes ! Je ne... Si ! Si ! J'y avais pensé ! Ça, pour y avoir pensé, j'y avais pensé, vous vous en doutez, puisque je suis le chef ! Mais pas en ces termes. Pas comme ça. J'y avais pensé en mieux ! Autrement, mais d'une manière plus sophistiquée, plus élaborée, plus littéraire aussi. Les tueurs, c'est pas leur vrai problème, au Foreign Office, comprenez-vous, San-Antonio ? Vous me suivez ? C'est le témoignage des tueurs qui les tient en haleine. Je ne sais pas si je me fais bien comprendre ?

— Vous êtes d'une admirable clarté, monsieur le directeur.

— Tant mieux, j'ai toujours peur d'être trop

hermétique avec mes subordonnés. Ça y est, l'attitude du Foreign Office est explicitée. Je conçois qu'ils aillent jusqu'à me menacer de réclamer ma destitution si mes Services ne leur accordent pas satisfaction. Mais du côté jap ! Je ne vous en ai pas parlé à vous, San-Antonio, du côté jap ? Je m'en suis seulement ouvert à la frêle Violette par téléphone, n'est-ce pas mon petit cœur ?

Il lui mordille le lobe et engage sa main en deçà de sa frêle culotte de pute, puis porte celle-ci, doigts rassemblés du haut, à ses narines.

— C'est pourtant vrai qu'elle sent la violette, cette exquise ! Je vous fais juge, San-Antonio ! Vous aussi, Mathias, c'est pas parce que vous puez le rouquin, que diable ! que vous ne disposez pas d'un sens olfactif. La violette, non ? Sentez ! Sentez ! Comme Marie-Antoinette, n'est-ce pas, commissaire ? Exactement : Marie-Antoinette !

— Je n'ai jamais eu l'honneur de flairer la chatte de Madame Louis Seize, patron, me dérobé-je.

— Un Casanova de grand style comme vous ! Allons donc. Mais de quoi parlais-je ?

— Des Japonais !

— Ah ! les Japonais ! Ces vermines ! Les négriers de la planète ! Ils ne produisent rien mais vendent de tout, les drôlets ! Pas fous : ils soldent de la main-d'œuvre en bouffant du poisson séché, comme les phoques. Avec un peu de retard : le temps que la nouvelle leur parvienne, ils me sont tombés sur le paletot à leur tour. Par le biais d'une organisation très secrète Le « Yan Na Chémoa ». Là, ce fut du catégorique. Polis mais directs.

« Ils étaient deux à mon domicile. Des robots

jaunes ! Froid dans le dos, mon cher. J'en claque des dents rien que de les évoquer. Peu de mots, mais quels !

« Un résumé très condensé des faits. »

Il prend un accent nasillard :

— « Messié directeur, agent anglais approprié plan secret au Japon. Mis dans capsule plastique. Avalé elle. Arrivé Paris, tué ! Police française emporté morgue. Médecin fait autopsie. Trouvé capsule. Remettre elle à vos services. Nous, vouloir récupérer plan sinon grand malheur pour vous. Vous deux jours pour rendre. Si pas rendre, vous, protection, pas protection, mort ! Très terrible mort ! Beaucoup souffrances. De plus : conflit Japon-France si affaire pas solution. Vous comprendre ? »

« Mot pour mot, mes amis ! Vous jugez de mon embarras ? Les Britanniques vont me faire destituer et les Japonais me trucider ! Tout ça pour une absurde affaire qui s'est déroulée sur notre cher territoire national entre gens que nous ignorions ! Je cherche à vous atteindre au consulat de France d'Istanbul, mais vous l'avez quitté sans laisser d'adresse. Heureusement, l'adorable Violette...

Il sent machinalement l'extrémité de ses doigts.

— Vraiment la violette ! J'aurais pu être « nez » chez quelque grand parfumeur. « Chef nez », naturellement. Vous permettez, chérie ?

Sa main repart en exploration captatrice sous la jupe de « l'inspectrice » Lagougne. Il malaxe corolle et pistil de la gueuse pour faire provision de pollen et conforter sa provende odoriférante qu'il respire avec volupté.

— Singulier ! marmonne-t-il. Violette sent la violette. C'est un vrai sous-bois printanier ! Je

disais que cette exquise m'a appelé pour m'avertir
que vous aviez disparu, Antonio, et qu'elle déte-
nait les deux assassins. Ouf ! Déjà ça ; le spectre
de la destitution reculait. Ne me restait plus qu'à
mettre en fuite celui de la mort. Dès lors, je lui dis
qu'on va organiser « quelque chose » pour rapa-
trier les deux misérables tueurs et je la prie de me
passer Mathias. Haletant, l'échine ruisselante
d'angoisse, je demande à ce dernier ce qu'il a fait
de la bande contenue dans la capsule. Il me
répond qu'il l'a donnée à déchiffrer à un spécia-
liste. Je veux le nom et l'adresse dudit. Et savez
quoi, San-Antonio ? Cet infâme rouquin qui pue
l'écurie et le dessous de bras négligé d'un Polak,
ce constellé d'or, ce planteur de spermatozoïdes,
ce rat de laboratoire, refuse de faire droit à cette
exigence ! J'ai beau ordonner, enjoindre, supplier,
menacer, faire valoir, tempêter, ce machin rouge
aux yeux roses est resté impavide ! Ce cynisme ! Là
là ! « Mais c'est une question de vie et de mort ! »
ai-je fini par lui lancer. Et lui, ce pauvre trou-de-
balle flamboyant — car les poils de son cul sont
encore plus incarnats que ses cheveux, vous voulez
parier ? —, ce mélangeur de drogues, cet obscur
cancrelat, de me répondre : « Je regrette, mon-
sieur le directeur. Le décrypteur est un marginal à
qui j'ai juré la discrétion sur la vie de mes dix-neuf
enfants ! »

— Ce qui est vrai ! renchérit Mathias, déses-
péré.

Le Vioque hurle :

— Taisez-vous, canaille ! Est-ce que ça compte,
vos serments, quand la vie de votre directeur est
menacée ? Mais vous savez qu'il va me laisser
trucider, l'apôtre ! Et il aura le culot de suivre mes

funérailles nationales en larmoyant, l'hypocrite assassin ! Revenons au téléphone. Devant cette inqualifiable attitude, San-Antonio, je lui dis de me repasser Violette et j'explique le topo à cette fée, la chargeant de faire parler ce con à tout prix. Par n'importe quel moyen, dût-elle sucer son pauvre petit sexe de laborantin anémié, au besoin !

— Rassurez-vous : il a parlé, assure-t-elle, grâce à l'injection d'un produit dont il s'était muni.

J'explique au Daron que ses ennemis, les Rosbifs comme les Jaunassous, n'ont pas chômé à Istanbul où ils sont bien implantés. Les Britiches ont une base de filles formées à l'espionnage dans un monastère d'un genre très spécial et elles nous ont entrepris sérieusement. Les Japs, quant à eux, sous le couvert d'une grande agence de voyages dirigée par un chef de réseau sont très actifs dans cette ville-là. Entre les unes et l'autre, on a eu pas mal de boulot. Je lui promets de lui raconter nos péripéties à l'occasion. Violette s'est rendue à l'agence en question avec Mathias pendant que je me dépatouillais des perfides amazones. Douée, mais peu rompue aux effractions, mon excellente collaboratrice s'est fait piquer. Le directeur de l'Agence Höyüyü n'a pas eu le temps de les molester : comprenant qu'il dirigeait un réseau japonais, et forte de vos directives, Violette lui a cassé le morceau (j'oublie sciemment d'informer le Vioque qu'elle a en outre séduit le type). Elle est revenue au motel pour y prendre la drogue qui neutralise toute volonté. De retour à l'agence, ils l'ont injectée au Rouquemoute qui, dès lors, a

révélé le nom et les coordonnées du décrypteur.
Ainsi donc, les Japonais obtenaient satisfaction.

— Ah! bon, bien, parfait, bravo! gazouille le
Mironton chauve.

— Seigneur! Vous avez fait ça! lamente
Mathias, très abattu (pire qu'une bride!). Vous
m'avez contraint, à mon insu, à mon corps défen-
dant, de trahir.

— Oui, elle a fait ça, dis-je, mais les deux
témoins qui ont recueilli tes confidences sont
décédés avant d'avoir pu les transmettre à leurs
supérieurs. Le garde du corps a plongé dans
l'escalier de l'agence et s'est éclaté le cigare contre
l'angle de la dernière marche. Quant au directeur
inanimé que nous avions ramené alors qu'il s'en-
fuyait, Béru l'a déposé sans savoir sur le fil
électrique dénudé par le type lui-même et il a été
électrocuté tout comme les trois personnes qu'il
venait de foudroyer; cela s'appelle la justice
immanente!

Le Vieux se tourne vers Violette.

— Mais vous, toi, ma suprême beauté au par-
fum de verveine, tu l'as retenue, l'identité du
décrypteur, n'est-ce pas?

— Bien sûr.

Sourire de garce triomphante. Je la giflerais!
Non : je la giflerai.

Mathias murmure :

— Monsieur le directeur, laissez-moi aller récu-
pérer le plan moi-même auprès du spécialiste à qui
je l'ai confié. Je vous promets de vous le rapporter
dans moins de deux heures.

— Que nenni, fait Achille.

— Mais cela revient au même! argumente
Xavier.

— Non, mon cher. Vous pensez bien que les gens du Yan Na Chémoa vont vouloir exécuter votre gars pour s'assurer de sa discrétion, tout comme ils ont (probablement) assassiné le brave docteur Chaudelance, le légiste.

Mathias se tasse, vaincu par l'adversité, torturé par sa conscience.

— Et les deux meurtriers ? aboie soudain Achille. Qui les a arrachés à nos ambulanciers du consulat, les Anglais ?

— Sûrement pas, puisqu'au cours de la nuit, les chères nonnes de La Contraception Contemplative nous traquaient encore pour tenter de les récupérer.

— Alors, qui ?

— J'ai bien réfléchi à la chose, et je pense que le coup vient de la Police istanbuliote. Depuis notre visite en leurs locaux, au lieu de nous aider, ils nous ont filés, Violette et moi. Ils ont vu que nous avions déniché le repaire de Lady Fog. On allait foutre la merde, tarir leurs revenus occultes et, qui sait, les démasquer. Alors ils ont voulu nous tuer pour neutraliser la menace. Partant du consulat ils ont suivi les faux infirmiers venus prendre livraison des tueurs pour récupérer ceux-ci. Je vous parie que Tommaso et Kelfiott sont peinardement dans une autre planque en ce moment.

— Tu as l'heure ? murmure Mathias.

— Quatorze heures dix.

Il se livre à un calcul mental qu'il vérifie en écrivant des chiffres ensuite dans la paume de sa main.

— Plus qu'une heure quinze, fait-il.

— Ce qui signifie ? lui demandé-je.

— Que les deux tueurs vont se réveiller dans soixante-quinze minutes environ.

— Et alors, ça nous fait une belle jambe !

— Ça peut leur en faire deux mauvaises !

— Explique.

Soudain, le Rouillé prend l'initiative :

— Patron ! fait-il au dirluche (c'est la première fois qu'il lui donne ce titre familier), je vous fais une proposition : vous me laissez aller récupérer le plan, en échange de quoi, je vous donne le moyen de neutraliser physiquement les deux tueurs.

Il sort de sa poche un boîtier. Son dernier gadget. L'ouvre. A l'intérieur, il y a un cadran de montre et un bouton rouge en son centre.

— Il vous reste une heure et douze minutes pour appuyer sur ce bouton. Si vous — ou qui que ce soit d'autre — le fait, les deux minuscules suppositoires-bombes magnétiques que je leur ai enfoncés dans le rectum, à l'un et à l'autre, après les avoir endormis, exploseront et les deux bandits seront détruits. Je m'étais permis de prendre cette initiative pendant la disparition d'Antoine (il se délecte de mon prénom) car je redoutais le pire et voulais que la justice s'accomplisse néanmoins.

Le Dabe rassérène.

— Vous avez de ces combines, vous alors ! Ça me rappelle un hebdo auquel j'étais abonné dans mon enfance et qui s'appelait *Système D*. Quel bricoleur vous faites !

— Vous devriez peut-être agir, monsieur le directeur, suggéré-je. Téléphoner au Foreign Office pour leur expliquer la situation.

« Leur dire que les deux salopards peuvent être éliminés et donc rendus à tout jamais muets. Ils auront toute latitude ensuite de faire des recherches auprès de certains chefs de Police istanbuliote dont je leur fournirai les noms, pour s'assurer de leur décès. »

— Pas mal ! ronronne le Scalpé. Voilà la solution.

Il présente le boîtier à Mathias.

— Vous dites que c'est sur ce bouton rouge qu'il faut presser, Mathias ?

Le rouquinos pousse un cri.

— Mais ! Mais... mais vous venez d'appuyer dessus, monsieur le directeur !

Il fait l'angélique, Pépère. Il désarme par son innocence.

— Vous croyez, Mathias ?

— Mais oui : voyez, le bouton est enfoncé !

— C'est vrai, reconnaît le Daron : il est enfoncé ! Vous savez que ça a été machinal.

Une vieille chanson française de papa me revient en mémoire :

On a fait ça machinalement
Sans savoir comment...

C'est bête, hein ?

BOUQUET FINAL

Il s'en est bien tiré, Achille.

Pas d'exécution, pas de révocation. Il continue sa « mission ». Les Britiches ont rengracié quand ils ont eu la preuve que les deux tueurs étaient bel et bien décédés de la typhoïde dans une villa des environs d'Istanbul (de gomme). Tu veux que je te dise, ces cons ? Ils s'imaginaient qu'à son arrivée en France, Lord Kouettmoll avait refilé la capsule à un correspondant. Ayant reçu le cadavre dans un beau cercueil à manettes de bronze doré, ils ont fouillé ses fringues mais ne se sont même pas avisés qu'on l'avait autopsié. Tu penses ! Jamais ils auraient imaginé qu'un cousin de la reine se serait placardé ces plans dans l'oigne !

Quant aux Japs, lorsque Achille leur a remis les plans et la capsule, ils ont simplement murmuré : « O ku », ce qui veut dire O.K. en japonais.

A notre demande, et sous la menace d'une démission collective, le Vieux s'est rendu en personne chez les Blanc pour présenter ses excuses à Jérémie et le supplier de reprendre sa lettre de démission. Ça s'est arrangé. Il y avait grand méchoui chez nos amis. Il y est resté et, aux dires du Noiraud, s'en est fourré ras le faux col ! Il a été très sensible au charme discret de Cadillac V 12, la jeune sœur de Jérémie, dont il voudrait faire une « Marie Pervenche ». Affaire à suivre.

Violette a été nommée « conseillère privée » de notre éminent patron. Son odeur de violette l'ensorcelle, que veux-tu qu'on y fasse ?

Béru est parti en croisière avec les Pinaud tandis que sa Berthe aide leur pote Alfred, le coiffeur, à emménager dans un salon ultramoderne proche des Champs-Elysées. Il est question qu'elle dirige le département « soins de beauté pour messieurs ». Le Gros compte, à l'escale d'Istanbul, aller remettre à Cathy l'onguent de jeune fille de Berthe, très efficace dans les cas de « pot défoncé ». Il est à base de suif, de teinture d'iode et d'huile d'olive vierge ; c'est une recette de famille mise au point par la grand-mère de Berthe qui fut, jadis, violée par un chleuh.

Moi, je regarde couler la vie à travers les vitres du petit restaurant où Mathias m'a fixé rendez-vous, très mystérieusement.

Il pleut, Paname grisaille. Sur le trottoir, un vieux type couperosé, à poils blancs, fait pisser son chien : un autre corniaud, mais à poils noirs, lui !

Le loufiat qui ressemble à Daniel Prévost me demande si j'aimerais un « p'tit apéro en attendant ». Je lui réponds « qu'oui : un kir ». Là-dessus, Mathias entre : imper, chapeau très con, à petit bord, sculpté dans du tissu écossais ; le tout ruisselant. Il s'en défait, redevient un incendie vivant et s'approche, la main tendue.

— Bonjour, commissaire, je suis en retard ? Excusez-moi.

— C'est moi qui étais en avance. Tu ne me tutoies plus ?

Il sourit.

— J'avais oublié.

— Mon Dieu ! Déjà ?

Il hausse les épaules.

— A vrai dire, je ne le sens plus. Je crois que vous m'impressionnez trop. Par instants ça va, j'ose, et puis à d'autres moments, le « tu » me reste dans le gosier comme un os de lapin. Cela dit je vous... je te remercie d'avoir accepté mon invitation. Ce bistrot est modeste, mais on y bouffe des plats canailles comme vous tu les aimes !

Il s'installe, commande un kir également.

— Je tenais à me mettre à jour vis-à-vis de toi, Antoine. Je ne peux pas te faire de cachotteries.

— A quel propos ?

— Mon décrypteur au sujet duquel j'ai tant fait de mystères. Il s'agit d'un vieux savant nazi condamné à mort par contumace et qui se planque en France depuis la Libération. Comme il est accusé de crimes contre l'humanité, son « affaire » est imprescriptible. J'ai fait sa connaissance il y a longtemps, fortuitement. Malgré son passé, nous avons sympathisé et nous travaillons beaucoup ensemble. C'est un génie...

Pigé ! La plupart des fumants gadgets du Rouillé sont dus au Boche ! C'est lui qui les invente et Xavier qui les réalise. Je ne bronche pas.

— Vous comprenez, com... Tu comprends, Antoine, que, dans ces conditions, il m'était impossible de le livrer ?

— Je comprends tout à fait.

Un temps. Le serveur nous présente deux menus écrits à la main sur des bristols à allure de parchemins.

Je me cache derrière le mien pour demander :

— Il a eu le temps de déchiffrer les six mètres de papelard ?

— Oui.

— On peut savoir ?

A son tour, Mathias dissimule sa frimousse carotte derrière son document riche en « andouillettes A.A.A.A. grillées, en tête de veau ravigote, boudin aux deux pommes, ris de dévôt à l'ancienne et autres folies calorifiques.

— Du bidon !

Du coup j'abats mon paravent alléchant :

— Pardon ?

Il agit de même.

— Un leurre, Antoine. De la poudre aux yeux.

— Tu te fous de moi !

— Non ! Attendez. Le document ne rimait à rien, mais ce qui importait, c'était la capsule. Elle constituait l'échantillon d'un nouvel alliage qui, aux dires de mon Allemand, va tout révolutionner. Plus léger que le plastique, plus résistant que l'iridium, son exploitation bouleversera les techniques. Une nouvelle ère va remettre en question l'industrie !

— Merde ! Et nous aurons eu cela dans le creux de la main ! Et, une fois de plus, cette découverte nous passe sous le pif !

Mathias tire son portefeuille de sa poche, y prend une enveloppe pliée en deux, me la tend.

— Sa formule est là-dedans, Antoine. A toi de jouer !

Je glisse prestement l'enveloppe dans ma fouille, comme si elle allait mobiliser l'attention et la cupidité des populations. Mon cœur bat le tocsin. J'ai la gorge serrée comme un anus de fourmi.

— Ton vieux Boche, coassé-je ; il a quel âge ?

— Quatre-vingt-huit balais.

— Alors couvre-le bien, qu'il prenne pas froid !

FIN

Achevé d'imprimer en avril 1991
sur les presses de l'Imprimerie Bussière
à Saint-Amand (Cher)

— N° d'imp. 725. —
Dépôt légal : mai 1991.

Imprimé en France